如何打败一头熊

66 个野外生存技巧

[美]厕所读物研究所 著 刘萌 译

北方文艺出版社

黑版贸审字 08-2017-137号
原书名：How to Fight a Bear and Win by The Bathroom Readers' Institute

图书在版编目（CIP）数据

如何打败一头熊：66个野外生存技巧 / 美国厕所读物研究所著；刘萌译. — 哈尔滨：北方文艺出版社，2018.2

书名原文：How to Fight a Bear and Win

ISBN 978-7-5317-4109-1

Ⅰ. ①如… Ⅱ. ①美… ②刘… Ⅲ. ①野外—生存—通俗读物 Ⅳ. ①G895-49

中国版本图书馆CIP数据核字(2017)第294619号

如何打败一头熊：66个野外生存技巧
Ruhe Dabai Yitouxiong 66ge Yewai Shengcun Jiqiao

作　　者	美国厕所读物研究所
责任编辑	王金秋
出版发行	北方文艺出版社
地　　址	哈尔滨市南岗区林兴路哈师大文化产业园D栋526室
网　　址	http://www.bfwy.com
邮　　编	150080
电子信箱	bfwy@bfwy.com
经　　销	新华书店
印　　刷	北京佳信达欣艺术印刷有限公司
开　　本	787 × 1092　1/32
印　　张	7.5
字　　数	100千
版　　次	2018年2月第1版
印　　次	2018年2月第1次
定　　价	49.00元
书　　号	ISBN 978-7-5317-4109-1

以前我对各种东西都会感到害怕，比如大灰熊啊，烈马啊，以及街头打架的人等等。但后来我临场都会假装出一副不害怕的样子，慢慢地就真的不害怕了。

——**西奥多·罗斯福**（美国第26任总统）

我一直坚信，所有的生物都是有灵性的，但熊除外。熊简直就是天不怕地不怕的动物！

——**史蒂芬·克拜尔**（美国著名脱口秀主持人）

目录

要活下去！

“要活下去”这几个字，不仅仅是约翰叔叔最喜欢的歌名——不管是谁，如若发现自己受困于森林里、沙漠中，以及其他缺乏食物、庇护和安全的地方，那么第一要务，就是牢记这几个字！

所以，我们写了本书。在此书中，我们把在大自然中生存需要用到的知识都呈现了出来，没错，你可以学习怎么生火，辨别可食用的植物，以及：

- 如何安抚野生驼鹿
- 如何像人猿泰山一样进行藤摆
- 如果手臂卡在岩石下，如何断臂自救
- 其他很多很多知识

当然，这本书里介绍的生存技能，我们并不希望你有一天遇到类似的情况而用到它们。但天有不测风云，如果万一赶上了，那么我们祝你好运……而且对此深表同情。

——约翰叔叔以及厕所读物研究所

如何生火

倘若某本野外生存类书籍（即便是不那么专业和严肃的书籍）里面，没有一个章节来专门讲述各种生火方法的话，这样的书即便出版了都可视为违法的。

钻木取火法

这个方法比较费时，但成功率很高。首先找来一些助燃物或易燃物，能有助于火焰顺利燃起。干树皮和干树叶就很好，要是能找到香蒲的话也很不错。顺手也可以收集一些引火柴和木柴。所有物品齐备后，回到营区搭一个圆形火坑，并在中间做个“助燃窝”，即用短碎的易燃物搭成一个圆环状。

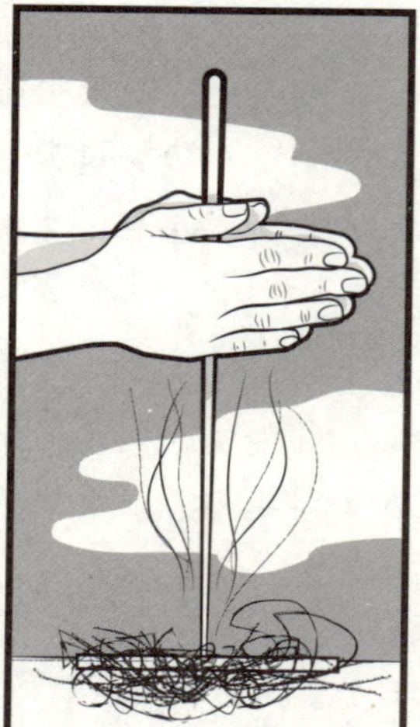

下一步，找一块小而平的木板作为“生火板”，在平板中部刻一个V型的凹槽，然后将木板放在一片干树皮上。找一根“纺锤棒”（50~60厘米长的结实木棒），将木棒底端顶入槽中。接下来将木棒在手中快速来回揉搓，并在揉搓的过程中让木棒底端始终抵在木板上。这样反复的摩擦可以产生微弱的小火苗……这个动作多做几分钟估计你就没力气了。耗费了这么多时间和精力才摩擦出一点点火星来，岂不白费劲？不过请千万别前功尽弃，一旦看到小火星出现，迅速将其转移到干树皮上，再把之前做好的助燃窝放上去。对着火星缓缓吹气让其保持燃烧状态，与此同时继续钻木，造火苗。重复做这几个动作，最后助燃窝就能烧起来了。明火出现后请继续添引火柴，等火焰烧大一些之后就可以添木柴了，火起，完工！

火石打钢法

这个方法要用到一个锋利的金属“打火石”。最理想的工具是小钢刀，不过扁平罐或打磨锋利的皮带扣也可以作为替代品。此外还需要一块“燧石岩”（边缘呈锯齿状的石头）以及可以用作“炭布”（烧焦的布）的物品。可以用一小块之前烧过的表面扁平的木炭，或者干燥的树木耳，如果有纸的话也是不错的（这本书已经看过或者不需要的那几页撕下来就很好）。按前述的方法，在火坑里放一个助燃窝，然后将炭布和燧石握在一只手里，另一只手用打火石对其快速击擦。当然了，这个动作过程中要小心不要打伤自己。在击擦到位的一刹那会产生一点火星。继续重复这个动作，让火星将炭布完全点燃。然后将燃烧的火焰转移到助燃窝中，当助燃窝烧起来之后，立刻把引火柴和干柴加入燃烧阵列，火起，完工！

福尔摩斯法

有一个老少皆知的常识，放大镜可以引起燃烧，估计你小时候也用放大镜去点燃过蚂蚁。这个嘛，

确实是可以的！在天气放晴之时，将放大镜悬于助燃窝之上，太阳光束最终会透过放大镜聚光而将助燃窝点燃。没有放大镜的话也可以用望远镜或者眼镜代替，火起，完工！

冰块法

首先找来一大块干净的冰——如果冰块内部模糊不清或者尘土太多，是起不了作用的。要获取满足要求的冰块，最简单的办法就是用杯子或其他容器盛水冻一晚。在容器中装入足够的水，够做出一个 5~6 厘米高的冰块即可，用刀或者锋利物把冰块削成透镜的形状，并用布料打磨圆滑（用衬衣衣角就可以）。之后在火坑中准备好助燃窝，将你做好的冰透镜对准太阳，接下来就是见证热力学神奇力量的时刻了，火起，完工！

苏打罐头法

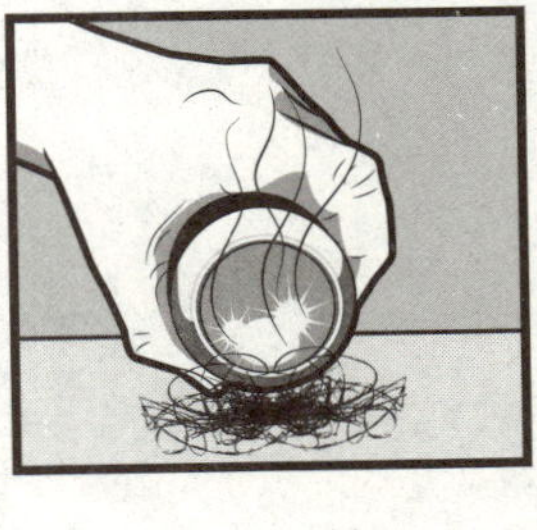

先做好一个助燃窝，然后将罐头底部打磨至反光。接着用打磨面把太阳光反射到助燃窝上。这个

过程所花时间会比冰块法要长（而且大概不少人会随着时间推移而愈加沮丧），但只要有足够的时间和耐心，就可以造出一团熊熊烈火温暖你的身心。

在沙漠中
如何汲水和饮水

漫漫沙漠中，可获得的水很少——所以才命名为“沙漠”。不过若万一出于某种原因迷失其中，身体对水的渴望可不会因为同情你的遭遇就自我压抑。所以下面教给大家如何汲水，以及将其转换成饮用水的方法。

定位水源

1. 沙漠的植物，如棉白杨、柳树、悬铃木、香蒲等，这些植物都是傍地下水而生的。

2. 有野生动物出没的地方，附近有水的可能性比较大。可以观察并跟随飞禽飞行的方向。通过蜜蜂找到水的可能性也很大——蜂群会在半径七八百米的范围内直线来往于水源地。

3. 干涸的溪流及河床通常并非彻底枯竭。到里面挖挖，有可能挖个10多厘米深之后就能发现潮湿的土层。

4. 在潮湿土层的基础上继续往深处挖，就会有水渗出来。

5. 岩石的下面也会积藏水分。可以把石头一块一块翻过来看（找的时候小心石头下的蝎子，这东西不能当水喝）。

6. 收集露水！拂晓前可以从植物和花上面获取堆积的露水，用布料把露水吸收进去，而后把水拧出来装入容器。岩石的底侧可能也会有露水。

7. 有人说可以从仙人掌中取水，这个方法没什么问题，但并不是所有仙人掌都行。部分仙人掌内储存的是一种浑浊的液体——这个不能喝，有毒。要找刺梨仙人掌，这种仙人掌里储存的才是真正的水。

提取水分

利用太阳热量仍然是一种让水汽冷凝的好方法，以下为具体操作：

1. 如前所述，在干涸河床上挖出一个50厘米左右深的洞，一直要挖到底土。运气好的话，底土

层就会比较潮湿（注意：挖洞的位置不要选在背阴的地方，或者太阳在升落过程中会出现荫蔽的地方，一定要选24小时太阳直射的无荫蔽之处）。

2. 向洞中排入小便，一点点即可（你看，这样土壤可以“预先润湿”一下了）。

3. 把周边能找到的全部绿色植物都扔进挖好的洞里。

4. 在植物中间扒出一个空位，将一个杯子或者咖啡罐之类的容器放置于此。

5. 用塑料包装纸把洞的表面盖上，洞口要完全覆盖。

6. 把洞口封严。将塑料纸边缘用沙子覆盖封闭好，还可以在边缘处再加一圈石头压好，这样多一重保障。只有在完全密封的情况下，水分才能冷凝。

7. 在塑料纸正中间，放一块小石头。石头可以将塑料纸中心压低，这样塑料纸上冷凝的水就可以正好滴入洞里那个杯子或者咖啡罐。

8. 太阳的热能会将洞中土壤以及植物中的水分蒸发出来。而由于洞口密封，水汽无法逃逸，只能冷凝到塑料纸上，顺着倾斜方向滴落到杯子或者咖啡罐里。

净化水体

无论用什么办法获取到的水，为了能够安全饮用，最好先将水体做个净化。

1. 过滤之前，先让浑浊的水体自然沉淀。

2. 将长裤的一条裤腿剪下来（裤腿总长度的一半即可）。沙漠里其实挺热的，那么问题来了——你竟然穿了条长裤去沙漠？

3. 用绳线或麻线将裤腿的一端牢牢系紧，或者直接用裤腿本身打个牢实的结。

4. 把裤腿悬挂在树枝上，并在其正下方放一个盆子接水。没有盆子用杯子也可以。

5. 在封好的裤腿里轮层铺上小石头和沙子：一层石头，一层沙，一层石头，一层沙，一层石头。在裤腿口留出1~2厘米深的空间即可。

6. 小心地将水慢慢从裤腿口倒入。一开始水会在裤腿口积满，但慢慢地就一层一层浸下去了。这些过滤层会滤掉水里的残渣，流入杯中。

7. 最后将过滤后的水烧开。

被锁在汽车后备厢中如何逃出

你问为何自己会被锁进汽车后备厢里，这原因就多了——可能有人找你寻仇，可能是运气不好遇到绑匪，也可能是家庭聚会上跟别人起冲突，如此等等。

操作方法

1. **冷静**。汽车后备厢不是完全密封的，所以不用担心自己会窒息——不过越是焦虑恐慌，越是有可能会造成呼吸过度。

2. **破坏尾灯**。如果你被劫持绑架，感觉生命有危险，那么呼唤求助的重要性要高于从后备厢逃出。有一个比较隐秘的做法就是拆除汽车尾灯，这是可以从后备厢内直接完成的。首先将塑料遮罩撬开，即可看到尾灯装置；接下来，用力猛推或者猛踹尾灯，让尾灯掉出去。从尾灯掉落后露出来的洞孔中往外观察，辨认一下自己所处的地理位置。如果是在人员比较密集的场所，就把手从洞孔伸出去向过往的汽车挥舞呼救，如果运气好，还能引起执法人员的注意。

3. **寻找杠杆**。为确保儿童安全，美国近期生产的所有车辆在后备厢都配备有解除锁，此锁经过特殊设计，即便是3岁孩子或者惊慌失措的成人都能够轻易地找到并进行操作，有些解除锁的把手还进行了夜光处理。如果并非新近车型，老款车型通常都在仪表盘下方安装了一个杠杆装置，以便驾驶员可以将后备厢手动弹开。此杠杆装置通过驾驶座门侧的一根缆绳连接到后备厢锁。因此，需要把后备厢的绒毯抬起来四处摸索一番去找到那个缆绳。找到之后抓牢用力向车头方向拉拽。

4. **开锁**。老到的绑架者可能会提前拆除安全杠杆和远程解除锁。如果这样就只能强制手动解锁了。后备厢锁的结构通常比较简单，只有一个转动锁闩挂在螺钉或拉杆上。使劲按动锁闩的尾端，锁闩就会滑出并脱扣。不过，虽然嘴上说来简单，但靠空手去掰是很费力的，因此可以在后备厢里找找工具，把硬纸底板撬开，或许会找到铁撬棍或千斤顶手柄，这样就方便多了。另外，为避免在脱身过程中被劫持者发现，可以随时把轮胎拆卸棒攥在手里，这样一旦有情况就狠狠一棒下去轻松搞定劫持者。

5. **抱膝滚地**。一切准备就绪，该逃离这辆车了。先估算一下汽车的行驶速度，最佳跳出时机是车速较慢时，而不是汽车完全停止时。一旦发现车辆开始减速，就可以准备跳车了。弹出锁闩、平顺向上推出，然后爬跳出去。切勿双脚直接着地，而是尽量让肩部去吸收撞击力量，保护好头部，并朝着副驾驶座位方向翻滚，避免被其他车辆撞到。平安落地后要马上起身，快速跑向安全地点。

用树干做个独木舟

呃，你在湖中心或者河中心的一个小岛边上搁浅了，身边只有一棵倒在地上的树干和少量小工具。既然如此，那么就给自己做一条小船重返岸边吧。

所需物料

- 树干一根，其直径要比自己身体最宽的地方更大一些；
- 大斧、扁斧或其他原始劈砍工具；
- 火！

操作方法

1. 树干要够宽，坐进去才会比较舒服。因此，其直径应该比自己臀部再宽20~40厘米。长度可随意，但从过往经验来看，长度最好能足够自己躺下。由于手里只有比较原始的劈砍工具，所以最好能找到一根已经倒地的树干（小提示：选好的树干，最好先确认内部是否腐烂。虽说腐烂的树干比较容易挖空，但也极有可能在水中崩解，使你彻彻底底变成“泥菩萨过河”）。

2. 将树做成舟，具体的制作过程倒无须进行图解，但开始之前还是得先做一些基本塑形。首先按照所需长度，把树干两端砍掉（如有必要），然后再将树皮全部削干净。最后，沿着一侧削出一个平面的舟底。舟底做平可以避免小舟翻覆而把自己甩入水中。

3. 选一侧作为舟头，然后在舟头这边挖出一个盒状空间来，10~20 厘米深，约 30 厘米宽。

4. 在挖出的空间中，生一小堆火。可以添引火柴，当然有木炭就更好了，因为这团火需要连续燃烧好几个小时，甚至好几天。

5. 把燃烧后的炭灰清理出来。由于这部分木料已经烧软炭化，可能需要把火转移走或直接熄灭掉，然后再清理挖出炭灰。

6. 重复第 4-5 步骤，直至树干烧成中空状。这个过程需要谨慎操作——如果整块树干都被点着，就只能开个篝火晚会了。

7. 将小舟整个外表面涂上一层树液。树液可作为天然漆料，有一定的防水作用。到此小舟大功告成。看看，你竟然亲手做了一条船出来！

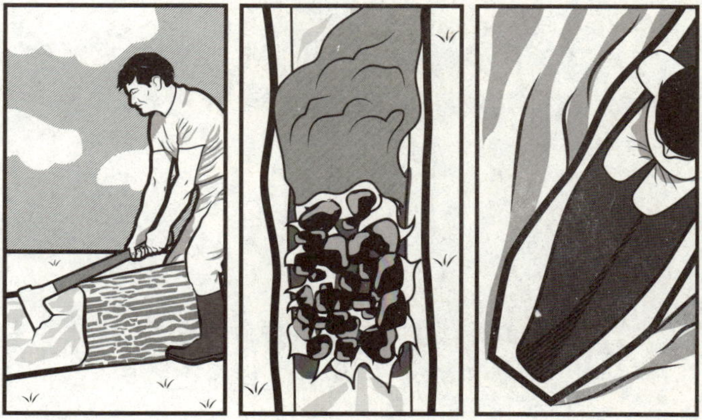

如何抑止大量出血

血液是维持生命的根本，但血液只有在正确的地方才能发挥作用，这个正确的地方就是身体里面，而不是排到体外。

加压

1. 血液中的凝结因子是最有效的纯天然“止血绷带”，所谓凝结，就像是一碗汤在外放置时间长了之后，表面会形成一层凝胶状物。而汤只能在沸腾停止之后才会慢慢冷却成型，血也是同样的原理，所以这里我们用直压法可以将已破裂的血管通路切断，让血液停止循环流动并尽可能铺开铺远，增大表面积，最后凝结。

2. 抬高伤口，举过心脏，然后用无菌纱布垫或干净的布料在伤口面稳稳按压住。

3. 即便血已将纱布浸透，也万万不可揭掉纱布，否则新成型的结痂会被撕掉，血会再次涌出来。只需要在原纱布上再叠加一块纱布垫即可，保持按压状态。

打结

1. 如果直压法无法抑止血液外流，就用止血带切断伤肢的血液供应。麻线和电线会嵌入皮肤里引起伤口恶化，所以尽量改用衬衣衣袖、腰带或者背包带作为临时止血带使用。

2. 将止血带绑在心脏和伤口之间，使用反手结；绳尾要打活结。

3. 在绳结上方放置一根结实的棍子，打入结中，然后将棍子朝一个方向拧转，将止血带扭紧。

火灼

1. 如果其他方法均宣告失败，那么最后一招就是灼烧了。灼烧的原理是通过高温高热改变血液中蛋白质的性质，使其凝结为块状。但这个方法自行操作的风险极大，因为灼烧时伤口周围的皮肤也会严重烧伤，且二次感染的可能性几乎是百分之百。不过若是情况紧急、命悬一线，那么也不得不冒险实施，并需在实施前后找东西（比如酒精）进行消毒来降低风险，并将灼烧区域全部涂抹抗菌软膏，最后用无菌绷带包扎。

2. 操作灼烧法最好用的工具，是刀刃。将其加热到微红状态（在电影情节里，确实有很多人用火药撒入伤口点燃来止血，但电影毕竟是电影，现实中千万不要这么干！火药燃烧时温度高得惊人，对皮肤组织的破坏难以挽回）。

3. 用加热好的工具轻触伤口，碰触几秒就拿开，血止住即可。如有必要，可以多重复几次触烧过程。

4. 尽快寻求专业医护人员的帮助。

遭遇龙卷风要怎么躲

如果不幸被卷入龙卷风（或气旋、尘卷、旋风等，称呼很多），基本就不要妄想还能毫发无损地归来了。大部分人被卷入后会在天空中以各种姿态回旋数圈后重重地摔到地上，请注意是“重重”。这样看来，以下躲避龙卷风的技能就尤其重要了。

变化的风

- 首先一点，当行至龙卷风高发区域时，务必要多加留心。在美国，龙卷风基本上都发生在“龙卷风谷”，这个“风谷”跨度很大，从美国南部腹地发端，穿过平原各州直入西南地区，然后一路北上直至加拿大边境。
- 如果是到龙卷风谷旅游，或者打算长住，那么请务必向当地人确认目前的时节。不过话又说回来，其实确认与否意义也不大，因为龙卷风的产生根本没有规律，需要随时提防。
- 留意天空的变化。如果天色在短时间内迅速变暗，则需立即寻找庇护地点，并打开收音机获取天气信息。如果有关部门发布“龙卷风注意”，则表示龙卷风出现的客观条件已经具备。这个时候需远离道路，继续关注天气情况；而发布“龙卷风预警”则表示龙卷风已经确认出现，需第一时间寻找庇护。

室内庇护

- 在龙卷风还未完全成型时，需马上找一处安全的室内场所。首选那些专门用于承受龙卷风袭击的避风所，这样的避风所通常建于地下，门开在顶部，由坚固材料制成，能抵御龙卷风强大的破坏力。

- 次选地点：地下室。要躲到桌下，否则四处飞散的碎片会砸到自己，而且尽量远离全部外墙。

- 如果连地下室都没有，那么就找一处位于地面且不同任何外墙相连的房间，浴室最佳。如果浴室里有浴缸，就躲到浴缸里面，拿个褥垫放到头上护住头部。由于浴缸的下水管道通常都埋在地下，所以基本上在龙卷风过境后，一所房屋基本就只能剩下一个浴缸还在原处了。另外在躲进浴缸的时候，如果还有时间就拿一些厚厚的毯子或棉被把自己裹起来。

室外情况不乐观

- 如果人在室外，最大的危险还不是龙卷风本身——而是天上四处飞散的碎片。这个时候一定要把身体尽量放低，尽快找一条沟渠然后脸朝下躺进去。龙卷风中心附近风力可以达到每小时300多公里，但贴近地面（或地下）的风力则会小很多。还有一点请牢记：如遇大暴雨，那么山洪暴发的可能性也相当高。

- 千万不要躲到车里，车会被龙卷风刮上天；也不要躲到立交桥下，桥下面没有任何遮挡物，基本上是完全暴露在乱舞的碎片中。

- 在龙卷风发生前后都会出现一种诡异的宁静，所以千万不要以为风停了就一切安好了。要一直等到天气重新放晴才能确保彻底安全。

* * *

肝脏要慎吃

在身陷困境而又饥饿难耐时，对食物的渴望可以理解。但在捕获猎物之后，万万不可一股脑的将其一点不剩全部吃完。有许多动物，包括麋鹿、海象、北极熊等，其肝脏内维生素A的含量会导致中毒。

如果不想被蜜蜂蜇死，要怎么取蜂蜜

蜂蜜中含有大量的酶和能提高免疫力的化合物，还能快速补充能量，简直是户外生存的上品，傻子才不去掏蜂窝。所以，请按照以下方法进行操作，就能避免身上多出几百个洞眼。

所需物料

- 存放蜂蜜的容器
- 生火材料
- 浅色的厚衣物（蜜蜂特别讨厌深色的衣物）
- 厚手套
- 斧头
- 锋利的刀
- 用可密封的塑料容器、书、咖啡罐（或空水瓶）做一个简易熏蜂装置
- 松针或干树叶

操作方法

1. 找到蜜蜂窝。乍一听好像零难度，实则不然。黄蜂巢跟蜜蜂窝外形上是很相似的，很容易混淆。黄蜂的恶名世人皆知，而且黄蜂蜂巢里除了黄蜂还是黄蜂，根本就没有蜂蜜。野生蜜蜂用蜂蜡筑巢，而黄蜂更喜欢使用泥土或唾液与朽木混在一起的糊状物筑巢。蜜蜂是出了名的讲究，喜欢将蜂窝面南而建，有时候还会在树木的开口处盖房。所以，如果无法确认面前的是不是蜜蜂窝，只需要躲在一旁静静地观察来来往往的小昆虫到底是什么种类即可。如果在你眼前往来飞舞的是蜜蜂，当然百分百可以确定是蜜蜂窝了。

2. 即便是掏到了蜂窝，也有量的差别。至于最后是抱着死沉死沉的大堆蜂蜜回营，还是少得连一颗黑莓都涂不满的一点点败兴而归，这中间还有一个重要决定性因素，就是季节。夏末是最理想的取蜜时节，那个时候蜜蜂已经在蜂窝里屯了大量的蜂蜜准备过冬了。

3. 将松针或者干树叶放到“熏蜂装置”中，将其点燃。等到容器中灌满浓烟后，将其慢慢接近蜂窝去“烟熏”蜜蜂，把浓烟往蜜蜂方向扇过去。这样一个简单的小技巧就能大大降低被蜜蜂蜇刺的可能性。

4. 这一步的动作要快，越快越好。用斧头在蜂巢的旁侧砍开一个口子，然后迅速把刀从口子里伸进去切下一大块蜂巢来。切蜂巢的时候，可不要把蜂蜜窝和孵蛋窝搞混了，不然你拿回去一窝蜜蜂宝宝可真是欲哭无泪。要切那些带外盖的、淡黄或淡白色的蜂窝。棕色的蜂窝就不要碰了，多半是孵蛋窝。

5. 以上这些动作过程中，让自己尽可能地保持冷静。动作太大太快都会激怒蜜蜂，用尾刺攻击的可能性会大大提高。切下几个蜂窝巢装入容器中之后，慢慢退离，然后迅速离开此区域。

6. 进入安全地带之后，用细树枝或树叶把依旧在你带走的蜂窝上漫步的蜜蜂轻轻拂离，它们应该会自己返回蜂窝原址。然后看一下衣服上有没有搭车跟过来的小蜜蜂，然后将皮肤里的蜂刺拔出来（对了，如果你对蜂刺过敏的话就不要拔了。不好意思，这个细节我们应该早点说）。

7. 回到营地之后就可以把蜂窝破开了。如果有滤网的话，就把蜂蜜滤出来放入容器。或者直接将各个小蜂巢掰开，想办法将蜂蜜倒入容器里（或者直接进嘴）。蜂蜡不要扔，单独另存好。可以把蜂蜡涂在猎弓的弓弦上增强弦的韧性，还可以将蜂蜡融化做成蜡烛。

野外生存知识 去伪存真

以下是一些常见的野外生存方面的错误论调，言过其实不可采信。这些所谓“老奶奶箴言”还是当笑话听听得了！

谬论：只有树的北侧才长苔藓。

事实：靠苔藓来辨别方向是不太靠谱的。虽然苔藓倾向于在树北侧生长，但实际上，但凡是木头表面潮湿程度足够且阳光直射不足，就会长出苔藓来。这个观点在南半球尤其站不住脚。南半球的太阳位置跟北半球是相反的，多数苔藓生长在树木的南侧。

谬论：毒藤的毒性会传染。

事实：错！这种植物尽管名声很差，所引起的瘙痒症状确实难以忍受，但实际上这种瘙痒是由一种叫漆酚的物质引起的。漆酚是一种油性树脂，分布在毒藤的叶、茎、根里。如果皮肤沾上了这种物质，就很有可能出现皮疹。不过，除非把全身一寸不留全部涂满这种物质，才会有可能将其蹭到别人皮肤上从而引起他人皮疹。在野外如果不小心跟毒藤有了亲密接触，请立刻换身衣服，并将所有暴露的皮肤好好洗一遍，然后做好心理准备，迎接之后的好几天那种无法言说的痒吧，你所表现出来的烦躁焦虑和痛苦难免会让别人觉得这肯定会传染。

谬论：如果实在找不到水，尿是可以当水喝的。

事实：一杯清水从嘴里进肠胃一段时间之后而产生的尿，里面会生成一些绝不该喝进嘴里的物质。在身体水量充足的情况下，尿的成分构成约为 95% 的水和约 5% 的身体需要排出的有毒物质。而在身体脱水时，有毒物质的含量会急剧上升。因此，如果说实在找不到一滴水，不喝尿就有生命危险，那么为了保命也只能这么做了，而那些有毒物质也只得再次摄入身体中。而且尿的味道也是相当相当的恶心（没亲身尝试过，这是听说的）。

谬论：头部裸露会将全身大部分的热量散发出去。

事实：即便是身边每个人都如此云云，不管是自己的母亲还是那些强势推销的街头小贩，但事实终究是事实，不管有多少人信，错的东西对不了。据传，这个说法要回溯到20世纪50年代美国军方出版的一本生存指南，书中提到了一份观察研究报告，让一群志愿者身穿厚厚的冬日服装，但不戴帽子，把头露出来。而此书的作者对这份研究报告的解读是有问题的，有以偏概全之嫌。如若室外温度较低，为了保暖戴上帽子当然还是很有必要的，但这并不表示有了帽子就可以扔掉外套，扔掉手套，扔掉温暖的内衣裤。人体没这么神奇。

谬论：吃雪可以给身体有效补水。

事实：雪花在飘落过程中，会吸收空气中的污染物，而这些污染物的来源很复杂，畜牧场、大型工厂等都会产生空气污染物。虽说雪中的有毒物质含量不大，偶尔食用并无大碍，但并不可当作主要食物大量摄取。尤其在身体极度缺水的情况下，如果吃下太多的雪，身体则需要消耗更多的能量对肠胃中的雪进行融化和吸收，导致脱水的程度进一步恶化。

利用动物排泄物搭建庇护所

早期的开拓者们用草皮来搭建临时住所，而建筑缝隙则用牛粪填补封堵。下面我们把先祖们的技巧传授给你……但只说牛粪，不用草皮。

所需物料

- 粪便。牛粪的话可以向农场购买，或者找当地动物园要一些大象粪便
- 大盆子和大号的户外烧烤架
- 手套
- 防尘面具
- 干草若干捆
- 网框
- 泥刀
- 水平测量仪
- 厚木板一块
- 梯子
- 砖模，尺寸为 24×12×6 厘米

- 大量泥浆
- 可以用作屋顶和门的材料

操作方法

1. 首先，所需的粪便要全部到位，然后小屋的建造位置需要好好进行斟酌，是个嗅觉正常的人都能闻到这股臭味，因此要同人类居住区保持一个合适的距离。

2. 所有物料备好之后就可以开始制作所需的粪砖了。戴上手套，先将粪便里的非纤维物质剔除（比如未消化的卵石、树叶等）。

3. 下一步，将大盆装满粪便和水，然后煮沸。注意：这个过程可以杀灭细菌，但同时也会产生一些难闻的“粪蒸汽”，所以最好戴上防尘面具挡一下。这盆物质要蒸煮4~6小时，直到其黏稠度同燕麦糊差不多的感觉就可以了。

4. 和入一些干草并搅拌，搅成更稠的像炖品一样的状态，然后将其倒至网框上，把残留的水分控干。接下来，将黏稠物装入模具，塞严实，并用泥刀将顶面铲平，第一块砖就基本成型了，将其倒出来放置一边晾干。照这样一块一块做出来，将盆里的黏稠物用完为止。

5. 按照步骤 3 和 4 继续制作砖块，做出足够盖屋的数量。30 平方米的屋子大约需要 3600 块砖，因此造砖这个工序需要耗费的时间会比较多。

6. 砖备齐之后，剩下的活就差不多是砖瓦工的基本功了。砌第一面墙要先做一个“基点”或一个水平表面。把第一块砖放在基点上，在侧面用泥刀敷上一些砂浆，然后在第一块砖旁边放上第二块砖，接着第三块、第四块，按所需的长度做好第一层。然后垒第二层砖，并用水平测量仪确保层和列没有歪斜。接着往上砌墙，差不多 2.5 米高就可以了。

7. 第一面墙完成后，继续砌其他的三面（砌最后一面墙的时候要在中间留点空间来放门，只垒两侧）。最后一面墙两侧垒到 2 米高左右时，在其上先放一块木板，然后继续在木板上垒砖，直到高度同其他三面墙一致。

8. 建造屋顶和门。这两样东西用砖是做不出来的，所以用什么做取决于手边能找到的材料。如果说身处的环境极端恶劣好似刚发生过天灾，那就请好好发挥想象力吧。看看能不能找到路牌、车门、老旧的宜家家具什么的，或能找到的其他东西都行，只要可以遮阳挡雨。

9. 以上步骤都做完了，现在要检查一下前几个步骤是否做到位……新建好的小屋垮塌的可能性还是比较高。我们这里所教的只是如何用粪便造房，但造出来的房子能不能抗风，确实没法保证。

消防灭火知识

火是非常危险而且不可预测的，请千万小心。再微小的星星之火都可以轻易燎原，这一点尤其要慎重又慎重，一旦火势大了，就让专业的消防员们来处理吧。

消防三角

无论什么类型的火都有三个必备要素，有人称之为“消防三角”：热量、助燃物、氧气。要成功灭火，就必须至少消除三个要素的其中之一，具体要取决于燃烧的种类以及手边现有的工具，以便最大限度地阻止火势蔓延并将其扑灭。以下是最常用也是最有效的灭火方法。

水

水在三个要素方面都能起作用。水会降低表面温度，进而减少热量。如果助燃物是木头一类的物品，那么水会使木头潮湿，降低易燃性。而持续稳定的水流会夺走燃烧所需的氧气，这样一来即可扑灭火焰。

虽然多数火种都可以用水扑灭，但仍然有一些例外情况需要引起注意。电子电路起火不适合用水灭火，而且水还会增加被电击的危险。另外，油类起火也无法用水遏制，因为水与油互不相融，将水倾洒在油面上会导致油带着火焰四散喷溅，导致火情蔓延。

灭火器

各种灭火器外观上确实非常相似，但根据其内部的阻燃剂构成以及灭火对象不同，还是有很多类别。有的灭火器里装的是简单的加压水，也有的是二氧化碳或者干燥化学物质，适用的火情类型也各不相同。所以就算大火就在身边越烧越烈，也一定要先花点时间将灭火器上的使用说明看完（不过，要看快点）。

灭火器的使用：首先拉开保险栓（跟手榴弹一样！），然后对准火焰根部——而不是火焰表面——压推压把或扳机，持续对火焰进行扫动喷射直至火焰熄灭。无论是加压水灭火器还是干燥化学物灭火器，其原理都是在助燃物和氧气之间加入隔离层，

使得火焰无法持续燃烧而自行熄灭。

灭火毯

市场上出售的灭火毯仅仅只是一块大的防火布料，可以用于扑灭小型火情。防火毯的原料有很多种，如芳纶，或是化学处理过的羊毛（以前的老式防火毯多数都是由石棉制成的，虽然能灭火但是对人体也有毒性。如果家里还留着这样的防火毯，还是换了为好）。

那么一般的毯子能灭火吗？这个不一定。毯子是可以起到隔离助燃物与氧气的作用的，这样就能灭火。不过如果不是防火材料制成的毯子，很有可能在使用时毯子本身就变成了火的助燃物。

灭火毯的使用：把毯子在自己面前像盾牌一样撑开，然后慢慢靠近火焰，用毯子向火焰根部放手铺下。放手之后马上跳开喊一句：“哎哟老天爷，热死我了！”

防火障

如果是林火或者野草起火，那么唯一的办法就是造防火障了，将助燃物彻底地从大火中移除。

观察火势蔓延的路径方向。防火障只能修筑在火焰前进的路径上……让老天保佑不要让大火突然转弯吧。将火前进路径前方地面所有的植物和灌木丛等都清除掉，然后将表层土挖开翻过来，尽可能多地把裸土层暴露出来。这个时候如果能找到推土机的话简直就是时来运转，不过没有也无大碍，一把铁锹也同样好用。

如果情况紧急没时间将所有可燃物品清理掉，也可以用水来造防火障。将地面植物用水冲刷一遍，这样其可燃性会降低，能争取到充分的时间让火焰自行熄灭。防火障越宽越好，尤其在强风天气下，火势能蔓延到很远的地方，甚至有可能跃过防火障，在另一侧重新烧起来。

用星星辨认方向

随着智能手机的普及和全球定位系统的完善，我们当今要探索世界真是简单到无法想象、便宜到无法接受的地步了（只要手机流量够用）。不过在没有手机的情况下，只要没有雾霾或污染物遮挡，也可以用天上那些闪闪的光点来辨认方向。

操作方法

1. 夜晚的天空中大多数星星并非静止，而是在缓慢移动。不过，北极星是绝对永远指向北方的（可能因此才叫作北极星）。要找到北极星，得首先找到大勺子形状的星座“北斗七星”。然后请想象有水沿着勺柄流出来，照着流出来的轨迹就能看到一颗非常耀眼的大星星，这就是北极星（也可以通过寻找北斗七星和仙后座的中间位置来定位北极星。当北斗七星亮度较弱的时候，通过这两个星座来定位北极星要容易很多）。

2. 有了北极星，正北方向就明确了，以此将四个基本方向都能判断出来，也可以通过猎户座来确认正东或者正西方向。在猎户座腰带位置的那几颗明亮的星星都是正东方向升起，正西方向落下。所以若是恰好赶上这几颗星星升起的时间，就可以用它们找到正东方向。

3. 有了正确的方向指引，应该就可以判断出前方为何处。但距离呢？如果说北极星不仅可以指方向，还可以计算当前纬度，是不是听着有点神奇？天空中北极星的角度同当前纬度是具有对应关系的。如果身处赤道位置，看到的北极星就在地平面上，因此纬度为0度。而在北极点，北极星会在头顶正上方，所以纬度为90度。不管在地球上什么位置，只需站直后将胳膊平直伸出指向北极星，估算一下胳膊与地面之间的夹角，就可以知道自己所处的纬度了。

4. 经度的计算会麻烦一些，需要用到离我们最近的恒星——太阳。找一块手表，调整至格林尼治标准时间，也就是0度经线的时间。如果你位于英国格林尼治，当太阳在天空中抵达最高位置时，看一下手表，会发现正好是中午。因此，当太阳抵达当前所在位置的顶点时，通过观察格林尼治时间，就可以计算出经度了。一个小时可以等同于15个经度，所以如果说太阳在下午1点抵达顶点，所在地经度即为15度……差不多是大西洋的中间位置，离岸太远，迫切需要救援——能有条小船都行。

用手电筒给智能手机充电

黑夜降临，一片沉寂，不过好在手里有一个看上去比较高大上的手摇式“求生”手电筒。而当下目之所及的，是一群虎视眈眈时刻准备将你撕碎的野狼。这个时候最迫切的事，是怎么能给手机充上电，不然求救电话打不出去就只能等死了。

所需物料

- 手机
- 12 伏手机适配器
- 手摇式手电筒
- 螺丝刀
- 电压表
- 焊接工具
- 电线剪钳和剥皮钳

操作方法

1. 手机适配器一端连接手机充电孔，另一端则连接电源。将适配器连接电源的一端从尾部将电线用剪钳剪断。

2. 将里面的两根线分开，用剥皮钳把尾端约 10 厘米左右长的电线胶皮去掉，正极导线（又叫火线）通常为红色，黑色那根是地线。处理好后将其放置一旁待用。

3. 将手电筒盖子上的螺丝拧下，小心将其打开。

4. 在手电筒尾部位置有个轮发电机，其上方可以看到两颗锂离子电池——就像手表中使用的那种纽扣形电池。用电压表测一下电池两端的极性，确定正负极。

5. 将适配器正极线焊接到电池正极，地线焊接到电池负极。

6. 在手电筒盖子上钻个小洞，让电线穿出来，然后合上盖子拧上螺丝。

7. 将适配器另一端插入手机，就可以手摇进行充电了。最后别忘了把成功的作品晒到朋友圈。

从汽车电池上“偷电”

所有曾想过外出露营时带上电视机的孩子们都明白，有一种不公平，叫作野外找不到电源插座。其实，无论走到何方，都有一个忠实而强大的电源一直陪在自己身边只是不自知——那就是陪着自己一路走来的爱车。那么是否可以通过汽车电池给家用电器用品供电呢？

所需物料

- 直流电转交流电源转换器（下文有解释）
- 接线盒
- 电线剪钳
- 电线（越粗越重的线越好）
- 红色及黑色胶带，或记号笔
- 螺丝刀
- 尖嘴钳
- 无线电钻或者其他小型电器用品

开始前的准备

所有的电池都是输出直流电的，汽车电池也一样，而多数家用电器却使用交流电。二者的标准有别，这一种标准的设备需要接通到电容器或者振荡器上进行转换，才能在另一种标准上正常工作。而这个转换设备，即便是骨灰级 DIY 玩家也没办法手工做出来，更别说是在荒郊野外挣扎求生这种苛刻的情况下了。将直流电转换成交流电——比方说，让汽车电池给无线电钻供电——在极端条件下虽说可以实现，但是方法很笨很危险。这句话很重要，再强调一遍——转换有可能实现，但却要使用极笨的方法。

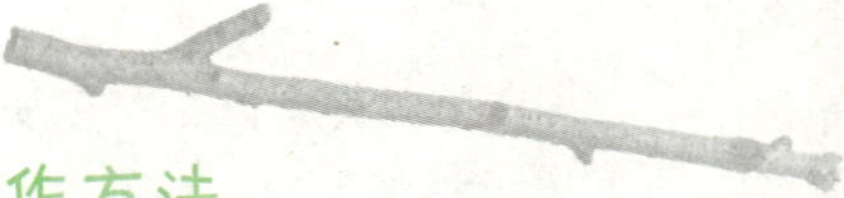

操作方法

1. 将无线电钻拆开，把供电组上连接的黑色地线和红色火线拔下来并替换成粗重电线，然后用尖嘴钳把两根粗重线的尾端在供电组对应的原位置缠接好。

2. 将刚才两根电线的另一端连接到接线盒中对应的位置——接线盒是一种电力连接设备，电线在盒中会用螺丝固定紧。连接过程中小心各个极性不要交叉，不要接错。

3. 将接线盒另一端连接到汽车电池上——先接地线，再接火线。

4. 现在可以打开电钻的电源了，但由于电流强度不适配，设备极有可能会烧坏，或电线上的绝缘材料被强电流击穿。操作过程中一定保持警惕，如果电线出现异常的发热现象，请第一时间切断回路。

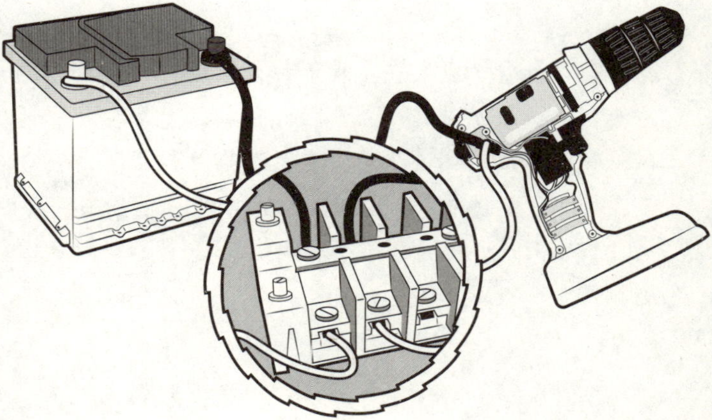

哪些野生植物可以放心食用

在丛林中迷路而又没有可靠的食物来源，这种情形是很可怕的。没食物的时候担心找不到吃的最后活活饿死，有食物的时候又害怕吃错了东西而中毒。所以不妨好好了解一下这些可以放心大胆吃的野生食物，没准还会颠覆以前的认知。

蕨菜

特性简介： 蕨菜在全世界都有，是一种卷曲的蕨类幼芽。最常见的蕨菜有西式肾蕨，生长在太平洋沿岸；以及德国荚果蕨，在新英格兰和加拿大非常多见。各类蕨菜都富含抗氧化物和 Ω-3 脂肪酸。

食用方式： 用净水淘洗，烹煮 15 分钟，煮到嫩脆即可。

牛蒡

特性简介： 牛蒡是旧大陆（对应哥伦布发现的

新大陆，以前泛指亚非拉三大洲——译者注）上生长的一种阔叶植物，其带刺而有黏性的种子曾激发人类发明了尼龙搭扣（即魔术贴）。而牛蒡的直根在亚洲菜系中可是一道美餐——通常腌制后搭配寿司食用。

食用方式：将根切丝，生吃的话有淡淡的甜味，嚼起来很脆。如果在冷水中浸泡10分钟，可以将残留丹宁酸的苦味汲出。处理牛蒡生长在地面上的部分时需戴手套操作，其上有一种化学成分对皮肤有刺激作用。

松子

特性简介：松子含油量高，味道清淡，是制作香蒜酱最基本的原料。所有的松木都会长松子，但只有生长在美国西南部和墨西哥的食松，产出的松子最大最甜。而生长在海拔1800米以上且汲水充足的松树产出的松子是最好的。

食用方式：在野外求生时，从落在地上松果的果鳞中就可以找到松子。将棕色的外皮去掉，就露出浅色的果肉了。

蒲公英

特性简介：蒲公英是草坪杀手，无处不在，同时也是一种营养丰富的食物来源。其花蕾和阔叶可以拌着沙拉吃，叶子里富含维生素A和维生素C。

食用方式：生吃会有些发涩，但用开水过一遍就会比较美味了。蒲公英的直根比较粗，其成熟时外形很像淡白色的胡萝卜，可以烤过之后，碾碎浸泡，作为咖啡的替代品。

虎耳草

特性简介：虎耳草通常大面积集中生长，偏好高海拔的寒冷地区，即便寒冷如加拿大北部的努纳武特，虎耳草依旧欣欣向荣。此植物种类较多，最典型的一种就是围着一簇细茎花长出一圈圆形低矮的叶子。其开花较小，花瓣有五片，通常呈白色或淡黄色。

食用方式：在日本，有时候会将虎耳草幼嫩多汁的叶子粘一层天妇罗糊然后油炸……但生吃也没问题。

论虫子的吃法

吃昆虫在亚洲和非洲都不是什么稀罕事，但对西方世界来说却是一个很陌生的概念。不过由于吃虫可以有效补充热量和蛋白质，在迷失方向又找不到其他食物的情况下，那么能救命的就只有靠虫子了……不过前提是分量要够填肚子，而且知道哪些能吃。

蚂蚁。要吃蚂蚁，首先要把它们从蚁丘中引出来，可以用木棍从洞口戳进去捅几下进行“骚扰”，然后木棍不用取出来，耐心等待片刻，过一会儿蚂蚁们就会涌到棍子上，等数量差不多了就拿起木棍将它们抖入容器中即可，但不要盖盖子——蚂蚁在感受到威胁时会分泌出一种酸性激素，使得吃起来会有醋一般的酸味，所以要尽快烤制。蚂蚁种类不同，味道也有所区别。据说切叶蚁烹制后吃起来有爆米花的味道，而柠檬蚁的味道呢，嗯，跟柠檬差不多。

蜜蜂。如果够胆去抓活蜜蜂来吃，会发现其实味道还挺好的，吃法也不单一。可以烤着吃，也可以蘸黄油来油炸，炸出来就是“蜜蜂饼干”了。另外，蜜蜂跟蜂蜜完全不是一种味道——据说蜜蜂吃起来像培根肉或炒蘑菇。

蜡虫。若偶遇蜂巢且没被蜇死，可以在附近找找蜡虫。蜡虫是蛾的幼虫，寄生在蜂巢里，富含脂肪酸，味道跟松子很像。

蜻蜓。把芦苇秆在甜甜的棕榈液中沾一下，然后拿起来来回挥舞，就能吸引蜻蜓过来，而蜻蜓落到芦苇秆上就会被黏住，将其刮下来煮熟即可食用。

蟋蟀。在东南亚和墨西哥，烤蟋蟀是非常流行的街边美食。但如果是在荒郊野外的地方看到四处爬满了蟋蟀，那么有口福了，教你一个捕捉的方法。只需要在蟋蟀大量出没的地带放一个罐子，罐子里装点素诱饵，比如苹果片、胡萝卜，或者燕麦。放置一晚，早晨起来你就能看到一堆蟋蟀在里面玩了。在烤制或者油煎之前先把腿拔掉，蟋蟀腿扎嘴又难吃。

蚱蜢。蚱蜢体内钙和蛋白质含量都很高。通常来说有蟋蟀的地方就有蚱蜢，也可以用同样的方法诱捕。

蚯蚓。委内瑞拉的人们喜欢生吃蚯蚓，不过吃之前稍做加工味道就更好了。由于蚯蚓成天都在土里拱来拱去，所以体内含有丰富的铁元素，而同时圆圆的身体里也装满了泥土。暴雨后蚯蚓会钻到土壤表面，这就方便捕捉了（或者暴雨后到雨水灌满的洞里捞捞），先将其在水里浸泡 3~4 个小时（或者，也可以轻轻挤压蚯蚓的身体，把泥土挤出来）。之后放在阳光下晒几个小时，将异味散尽，而且晒完之后也不会黏糊糊的了。最后放进锅里油炸，炸脆即可。

白蚁。吃白蚁可是猴子的拿手好戏，可以参照猴子的方法，先找到白蚁的蚁窝，拿木棍朝着洞里戳进去，左右扭动几下再取出来，木棍上就有不少白蚁了，可直接生吃。或者说鉴于自己并不是猴子而是人类，可以放到罐子里稍后烤着吃。

蝽象（臭虫）。蝽象不仅维生素B含量很高，而且还有一定的止痛作用，味道比较像肉桂。首先需要去除它们的臭味（这样吃起来才口感更好）。将蝽象放在罐子里用水泡一夜，然后再油炸或烤制。不过有一点要提前有个心理准备：烹调的过程可以改善口感，杀灭细菌……但不管你怎么蒸煮炸烤煎，到最后你会发现它依然愉快地活着。这种神奇的事情挺少见的，人一辈子能吃过几种烹不死的东西？

天蛾幼虫。这些绿色的爬虫看着让人心里发毛，一般附着在西红柿藤上（都是绿色，天然伪装），也以此藤为食。这种虫子很好捉，炸着吃味道也很棒——还有个很新奇的传闻，据说味道跟炸过的青西红柿差不多。

蝎子。这些淘气的小昆虫尾刺用得很好，食用并不安全，而且其多沙的质地也不太好处理。蝎子怎么才好抓呢？先找到蝎子的洞，然后拉开一段安全的距离另挖一个洞，在里面放个罐子或者杯子，基本上第二天就能在罐子里跟它打招呼了。将其用锋利的木棍从侧面穿起来，等它死掉之后再移除它的尾巴，最后用明火来回烤着吃。

狼蛛。如果抓到一只狼蛛，其头部是可以食用的，但腹部不要吃，里面有很多黏糊糊的物质，不过也有人觉得很美味。同时，据说狼蛛的腿味道像虾。狼蛛可以煎，煮，或者烤——但吃之前先把毛烧掉。

不能吃的东西

那些颜色比较鲜艳的虫子，通常是警告猎食者（目前来看这个猎食者就是你），自己是有毒的。尽量不要招惹那些会咬人或者叮人的虫子，或者已经死亡的，以及会传染疾病的虫子。比如说苍蝇、虱子以及蚊子等。

如何食用路边动物尸体

在路上走得精疲力竭、饥肠辘辘的时候，这件事就可以列入考虑范围了。

开餐之前

- 不管是自己亲手猎杀的动物，还是别人用卡车撞死轧死的动物，从味道上讲其实没太大区别。根据某保险公司统计，在美国每年被汽车撞到的野鹿有120万头左右。单从这个数字看，路边的免费食物还真是挺多的！

- 死在公路上的动物，可以看作一个超大号的“纯天然自由牧场”，这些肉纯有机，无激素，无化学添加剂，无防腐剂。

- 通常来说这样的动物尸体用作食用是没问题的。但被压得太扁的基本上也没法吃了，也别费力气去折腾。

- 观察一下动物尸体的眼睛，如果已变得浑浊污暗，那么证明尸体已经不新鲜了，当然勉强也算是可以吃，得抓紧时间。

趁着新鲜

- 当然了，这种食物要越新鲜越好。如果尸体已经生蛆或者布满苍蝇，则说明其死亡已久，这种肉拌虫子的吃法估计没多少人咽得下去。
- 如果尸体闻着有腐烂的味道……那么多半是腐烂了。请弃之。
- 即便已出现尸僵，也没什么大不了的——死亡之后很快就会出现尸僵，所以并不能通过尸僵判断尸体是否新鲜。

其他温馨提示

- 路边动物尸体最大的风险还是狂犬病，这种风险在屠宰前接触尸体的全程都存在，而且比较大。因此在触摸、清理内脏以及剥皮的过程中一定要戴橡胶手套。烹制的过程会杀灭狂犬病毒，但为了安全起见，最好在烹制之前先将肉彻底煮熟。尤其在处理一些携带狂犬病毒的小型动物时更得要重视这个问题，比如浣熊、臭鼬、狐狸等。

- 熊肉味道不太好，但可以用熊的脂肪炼油，并作为烹制的油使用。

- 美国的每个州对于公路动物尸体的法律规定都不同。在西弗吉尼亚州，动物尸体谁捡到就归谁所有，只需在12小时内上报有关部门即可。在阿拉斯加州，所有动物尸体归州政府所有，由政府统一屠宰处理，并分发给有需要的家庭食用。在宾夕法尼亚州、密歇根州和俄亥俄州，这些州规定自行取走动物尸体是完全合法的，但在德克萨斯州、加利福尼亚州及华盛顿州则是完全违法的，统一以偷猎罪惩罚。

酷热酷寒环境下对脚部的防护

保护脚部的重要性是一点折扣都不能打的。无论是在行军途中或者荒野跋涉，任何的极端环境下都可以用到这一套大脚防护完整策略。

所需物料

酷热环境：

- 合脚的鞋
- 吸汗的袜子
- 跑步胶布
- 安息香酊（也叫“修道者香脂”）
- 明矾
- 丹宁酸
- 凡士林
- 脚气药粉
- 防水霜

酷寒环境：

- 羊毛或羊绒的厚袜子
- 高质量靴子
- 防雪绑腿，或者带绑腿的防雪裤
- 热水
- 毛巾
- 棉球
- 绷带

操作方法

1. **检查装备**。脚部防护的要点在于克服摩擦（会引起水疱）和潮湿。鞋或靴的选择也有讲究，最好是已经磨合好了的，舒适温暖又不太紧，给脚趾头留有活动空间。袜子要选轻便且尺码合适的。最好是人造纤维的防潮袜，而且如果条件允许，袜子要多带几双，路上每日更换。

2. **强化脚趾**。长跑运动员和特种部队士兵都喜欢在用凡士林打底之后加涂安息香酊、明矾粉、丹宁酸。这些物质同制革工艺所用的化学原料是一样的。涂到脚上一段时间后，皮肤表面抗水疱能力会增强，并降低受伤概率……好似在脚上加包了一层皮革一样。

3. **防止局部红肿**。将各个脚趾都隔开，可以给各个脚趾都缠上透气性强的跑步胶布，防止其互相摩擦。

4. **保持双脚清洁干燥**。如果有条件，尽量保持每天洗脚的习惯。洗脚不是简单把脚泡在水里就完了，而是用干净的水冲洗并彻底擦干，尤其是脚趾之间的部分。常换袜子，并撒上脚气药粉让其保持干燥。尽量不要穿着袜子睡觉。休息的时候把鞋袜脱掉，让光脚接触一下新鲜空气——同时也把鞋晾干。如果需要长期待在潮湿环境下，那么穿袜子之前擦一些防水霜（比如硅酮软膏）。

5. **发现水疱就要立即处理**。用棉签蘸酒精清理一下水疱位置。用剪刀划一道口子，让水疱里的水流干——如果只是用针刺个洞的话，水疱里会再次起水——尽量不要碰触起疱的皮肤，保持清洁干燥，并用胶布包起来。

6. **酷寒气候要特别留意**。双脚干燥，走路舒适。当气温从两位数向着个位数急速下跌时，袜子能穿多厚就穿多厚，只要靴子里能塞得进去。袜子材料最好选用耐火纤维、羊绒，或者传统的羊毛，只是羊毛会有一点瘙痒感，忍一忍就行。至于靴子本身，最好根据目的地，选一双品质不错的。但凡是户外用品商店都会很热心地帮你选鞋。另外，花钱买一双防雪绑腿也是很有必要的，绑腿就是护着你小腿缠绕一圈的绒布，有助于防止雪滑进靴子里。部分防雪裤自带绑腿。

7. **忽略第6点的后果**。这下好了，生冻疮了。有条件的话尽量找医生处理，如果没法找医生就离开户外进入室内环境。将打湿的鞋和袜子立刻脱掉，尽量避免走动……不然脚趾头有可能断裂。把双脚放入温水中浸泡，等其慢慢解冻回缓（这个过程会疼，很疼）。之后将双脚擦干，并在各脚趾头之间塞入棉球或绷带，防止其互相摩擦。最后，将双脚保持抬起不要沾地，等待专业的医疗处理。如果万不得已要下地出门，一定把鞋和袜子晾干。

坠机事故的自救

一些小提示，希望可以产生大用处。

- 仔细听取飞机乘务员在起飞前的安全说明，尤其是有关紧急出口的内容要格外留意。也许有人会觉得都是些老生常谈不听也罢，但有件事你可能不知道，飞机不一样，其逃生的操作规程也是不一样的。

- 有一些运气比较好的人在经历过第一次撞击后还能活下来，而可惜却在之后死于大火或者舱内各种物品燃烧所产生的大量烟雾，原因就是过于犹豫不决，或者还挂念着自己的行李物品。在如此生死关头，一定要第一时间放弃个人物品，立即离开飞机。

- 逃出飞机之后需要同飞机保持一定的安全距离，以防飞机爆炸。但也不要太远，否则搜救人员无法找到你。

- 如果飞机坠落在水中，一定要在安全离开飞机之后再给救生衣充气，不然会让你卡在紧急出口处或造成你行动不便耽误逃生。

教你玩树藤飞荡

要在热带雨林中快速穿行，最佳方式或许不是用树藤接力飞荡。不过，如果说人猿泰山做得到，你当然也是可以的。

操作方法

1. 首先，要爬上树找一根树藤。热带雨林中最不缺的就是树藤。据统计，世界上 90% 的树藤都

生长在这葱郁的环境里。最常见的树藤为藤蔓，而最粗的藤蔓直径能达30厘米左右……最长约900米。藤蔓幼苗生长在林地地面上，个头很小，而对阳光的渴求刺激着藤蔓缠上附近的树木向上爬。接触到阳光后，藤蔓就会沿着树梢延展或者转头往地面方向生长。简而言之就是，一抬头，满眼都是藤蔓。

2. 爬上树找到藤蔓之后，就可以进行试玩了。先用力将其往下拉拽几下，然后站到坚固的树枝上双脚抬起让身体悬空。如果藤蔓没断，说明韧度合适，可以进行下一步了。这个时候有一件比较扫兴但却不得不提的事就是，那些缠绕树干很多圈的、强度能受得了一个人体重的藤蔓，真的非常非常不好找。

3. 如果以前从来没玩过树藤飞荡，那么应该先在安全高度体验一下空中坠落的感觉。最好多体验几次让自己心理上有所适应，掌握要领之后再挑战4~5米或者更高的高度吧。如果说藤蔓比较细，最好将多余的部分缠在腰上，加一重安全保障。

4. 准备好玩真格的了吗？深呼吸一口，然后抓紧树藤从树干上一跃而下。跳落后需立即用双腿缠紧树藤，这样能从树藤获取更多的支撑力。

5. 根据树藤的长度以及周围环境，第一荡抵达10~40米开外的地方基本没什么问题。不过当然，如果周围树木的密度比较高，藤荡就显得费时又费力了。电影《森林泰山》的主题曲中曾经反反复复提醒道："小心前面那棵树！"这是一句相当实在的话，荡的时候请牢记在心。如果玩腻了，最后一荡就选一个结实点的树干降落，或者返回你起跳的那根树干也可以。

6. 说了这么多，是不是有点小激动跃跃欲试了？如果只是嘴皮上说说，这种树藤接力飞荡的玩法确实很炫酷。不过实际上其危险系数高之又高，毕竟泰山是泰山，你是你。即便最初起跳那根树藤确实足够粗壮结实，也能支撑住你的体重，但在接力时下一根要抓住的树藤，却根本判断不了是否还是这么结实。这种高级的树藤接力飞荡需要大量的熟练技巧、大量的植物学知识，还有非常非常好的运气。

那些吃人的野兽们

“知彼”，即所谓“了解敌人”，这是经过实践检验的实用策略，而对于下列这些恐怖的动物而言，这句话更是实用中的实用。

灰狼

遭遇地点：除南极洲和南美洲之外，美国各大洲都有。

物种简介：目前体型最大的雄性灰狼群发现于阿拉斯加，体重高达55公斤，奔跑速度超过60公里/小时。

捕猎习惯：灰狼捕猎时通常是7~8只一起行动，而且在发动攻击之前都会悄悄地跟踪猎物。一旦猎物开始逃窜，灰狼会持续追赶近两公里的距离，所以根本不要妄想用两条腿逃离狼群，跑不过的（或者说不可能跑得过每一只）。另外，它们也会从猎物的后方或侧方发动袭击，一旦猎物被一只灰狼扑倒在地，其他狼就会涌上去将其残忍地撕裂并吃掉。

可怕消息：灰狼下颌的咬合力是很惊人的，能达到约100公斤/平方厘米。这个数字可能不好理解，做个对比就形象了。常见的德国牧羊犬其平均咬合力仅有约50公斤/平方厘米。此外灰狼的食量也超乎寻常，一头成年雄性灰狼平均每顿能吃下约10公斤的肉。

大灰熊

遭遇地点：加拿大西部，以及怀俄明州、蒙大拿州和阿拉斯加州。

物种简介：移动速度可达55公里/小时，体重可达250公斤。

捕猎习惯：从传统意义上来说，大灰熊并不是靠捕猎来填饱肚子的。它们喜欢吃植物，还有一点让人难以置信的是，它们的食物中只有约10%是鱼或者肉。而说到肉，大灰熊算是个“机会主义的杂食动物”，那些死于冬日极寒或者其他自然原因的鹿和麋鹿，大灰熊都很喜欢吃。不过虽然如此，一旦感受到威胁（大灰熊很敏感的），大灰熊也会把人类当美餐看待。

可怕消息：一头普通大灰熊完全可以用牙齿咬碎保龄球。

大白鲨

遭遇地点：所有12~24℃水温的沿海及近海水域中。

物种简介：牙齿咬合力为100~170公斤/平方厘米，水中游速可达55公里/小时。

捕猎习惯：一般来说，大白鲨喜欢从猎物的下方发动袭击。而在北美东海岸水域的大白鲨则偏好于浅水攻击，而且甚至会使用沙洲进行掩护，偷袭猎物。

可怕消息：大白鲨的嗅觉是出了名的灵敏。它们可以从100升水中嗅出一滴血液的味道，还能感知到5公里以外的地方的一丁点血腥味。最可怕的是，浅色的身体有助于它们轻易地隐藏到海岸的海水中，而等你发现大白鲨在悄然接近你的时候，一切都太晚了。

孟加拉虎

遭遇地点：印度、孟加拉国、不丹和尼泊尔。

物种简介：奔跑速度约为65公里/小时，体重大于225公斤。

捕猎习惯：在野外，孟加拉虎偏爱体型较大的目标，尤其是印度野牛、白斑鹿和黑鹿。它们从后面或者侧面接近猎物，然后快速猎杀。通常都是直接咬断颈部，再将猎物尸体拖到比较隐蔽的地点进食。

可怕消息：孟加拉虎是动物界领土意识最强的动物之一。它们会很强势地将自己的领土用气味做标记，领土范围可以大至100平方公里，而且一旦有外敌来犯，它们会毫不犹豫地用可收缩的刀锋利爪捍卫领土。这些“大猫”也非常吵闹，夜里能从一两公里外的地方听到它们的吼叫。

浅水鳄

遭遇地点：东南亚和澳大利亚。

物种简介：浅水鳄体重可以达到450公斤以上，水中的游速可达30公里/小时，陆地行走速度约17公里/小时。

捕猎习惯：浅水鳄喜欢潜伏在水道的水面之下，当发现美味的目标之后，会突然迸出水面咬住猎物，拖进水里。

可怕消息：浅水鳄是地球上咬合力最强的动物，可达260公斤/平方厘米。

自己的排泄物怎么处理

如果大小便排泄完后不做任何处理，则必然会污染自己的饮用水源，并（或）引来可怕的大型动物，比如熊。照着以下的方法做，不仅可以保证自己周边环境的安全，还能带来整洁和卫生。

自己带走

这个办法或许让人不太舒服，但保证绝对可以让自己的身体和营地都保持健康卫生的状态。人类粪便和厕纸都需要约一年时间才能分解。而且若掩埋不当，粪便里的贾第虫会对地下水造成污染，这种肠道寄生虫会引发腹泻，即“贾第虫病”。一些国家公园现在也有“包好带走”的规定，要求那些前往偏远地区旅行的驴友们在方便后将排泄物打扫干净。好在这条环保的规程操作很简单：在塑料袋或桶里方便完后用厕纸包好，在准备出发返回人类聚居区时，将其全部带走就可以了。找到垃圾桶之后妥善处理即可。

便便煎饼

这是许多背包客都推荐的技能。在地上多放一些厕纸，然后在其上大便，完事之后包好，这就做好了一个“便便煎饼”了。然后将包好的粪便放入塑料袋里，再把塑料袋放入一个带盖子的塑料容器里，这样更方便带回人类聚居区，而且路上也不会太刺鼻（要确保盖子能封紧）。另外还建议这个容器以后就不要做其他用途了，在下次使用前请彻底洗净。

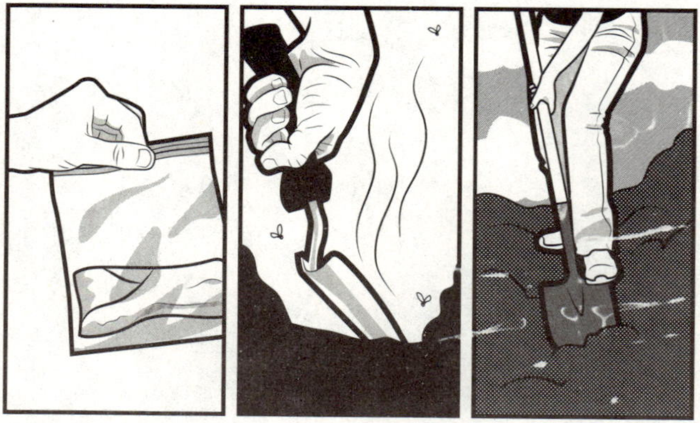

挖猫洞

如果并不打算逗留太久或者身边没有储物用品，还有一个办法。找一个小铲子（没有铲子的话就用手挖也可以），并挑选一个合适的地点，需要与最近的小路、最近的水源和自己的营地都保持适当距离。地点选好后，挖一个15~20厘米深的洞，宽度15厘米左右。在洞里解决完内急之后，将其掩埋。完成后找一块石头或者其他重物放置其上作为标记，这样以后不会重复挖掘。为降低污染地下水源的风险，挖洞尽量选在向阳处，且各个洞的相对距离尽量拉远。阳光可以加速排泄物的分解过程。

建个茅坑

如果持续多日在同一个地点扎营停留，可以考虑建造一个茅坑。还是使用上文的方法挖猫洞，不过这次要挖深一些，至于多深合适，要看在此地停留的时间有多久。可以每多1周加深30厘米。为减弱臭味并加速分解，最好每次拉完之后就用土进行掩埋。如果勤快，可以考虑在洞口上再搭一个临时马桶。找一个20升左右的桶并去掉桶底，在桶面上加一个坐圈就搞定了。如果身边没有桶和坐圈，可以尝试用木头做一个便壶。如果野心再大一点，还可以盖墙、加门、封顶，一个自己的野外厕所就华丽丽地成型了。

涂抹法

不用我说大家应该都明白，在悬崖边解决排泄问题是非常缺德的行为——尤其是崖下还有攀岩者的时候。高海拔地区气温极低，意味着排泄物分解的速度很慢；山顶上的粪便平均要花好几年才能完全分解。为不污染大自然环境，“涂抹法”就很适用于这样的情况。方法很简单：找一块大小合适的石头，大解完之后用石头擦屁股，然后再用石头把污秽物捣平铺开，差不多就像给蛋糕涂奶油的动作。尽量将其延展开，铺得越薄越好，这样分解的速度会加快（对不起让你一辈子都不想吃蛋糕了）。

野外排便拿什么擦

如果忍不住要在野外排便，但身上却没带纸，正一筹莫展之时，请参考以下方法。

在森林里大便拿什么擦

这个世界上最方便取得厕纸的地方就是森林了。差不多每一本户外指南都会建议使用问荆草，不过毕竟是森林嘛，选择真的太多了。也可以使用质地柔软而不生疹子的树叶，不过这样的树叶毕竟不多，最好留着给屁股最不舒服的时候用。最好用的擦屁股的叶子是羊耳草，吸水性强且质地柔软，手感跟小羊的耳朵一样。当然光滑的木棍或者松果也能拿来用，不过若想触感松软一点，用一把青草或一些马尾草就可以。还有人推荐光滑的鹅卵石，以及

“白胡须”——一种浅绿灰色的苔藓，在各种树上都有生长。

在山顶大便拿什么擦

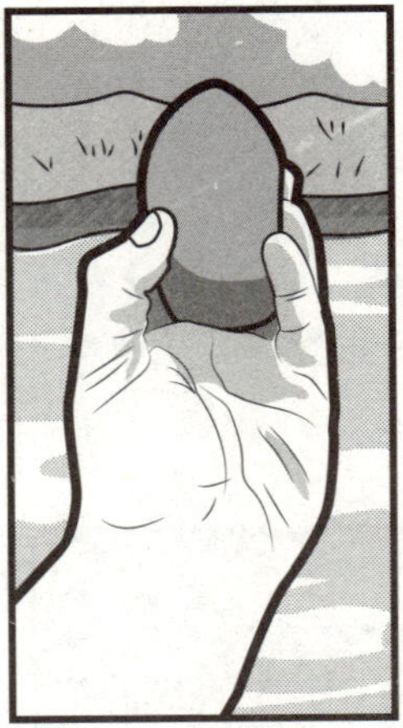

当自己正在步量山顶，而突然内急需要大解之时，那么去哪找天然厕纸或许就是一个比较大的问题了。如果说一时半会儿附近找不到光滑的石头或者合适的植物，可以考虑用雪。抓一堆雪，挤捏成细长松果的形状，就可以使用了（用雪还有个附加作用，在这样一个敏感部位使用冰凉的东西亲密接触，各种睡意倦怠可以立马烟消云散）。不过，如果雪的性状过于粉末化或者太干，基本上就没法用了。

水擦法

如果以上方法实现不了，或身处的环境很难找

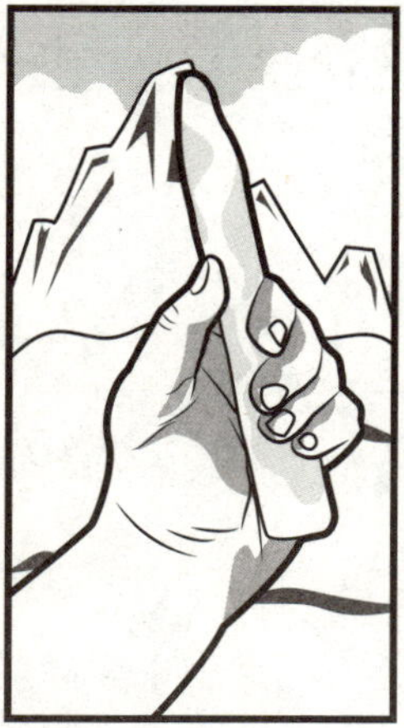

到天然手纸（比如大沙漠里），那么至少还可以使用我们常用的“冲洗法”。但很不幸，这个方法要求至少有两块肥皂，以及至少1升闲置的水。首先要分派任务，左臂的任务为“掌水”，右臂的任务为“清洗”。蹲下排解完事之后，用左手抓住右半屁股，用右手拿着水瓶将水顺着左臂往下倒，水会因为重力和其他各种物理定律流到正确的位置。下一步，用肥皂进行擦洗，然后再多倒点水下去，将肥皂泡沫冲洗干净。当所有该洗掉的都洗完之后，站起来把肥皂本身冲洗干净。全部做完之后，再用水和第二块肥皂把双手洗干净（所以为什么要两块肥皂，现在明白了吧）。

跟那些商店卖的卷纸一样，那些替代用的擦屁股材料在大便结束之后也需要适当的掩埋处理。这一点不能不在意！不要制造“大便污染”！（可能的话，便后一定要洗手）

尿液也有大用处

即便是身陷荒野迷途，也有一件东西是绝不可能离身的，猜猜是什么？就是自己的尿。以下的方法，让这些曾被误作“废物”的东西，也能发挥巨大的作用。

防毒面具。在第一次世界大战期间，士兵们发现在对抗德军士兵使用的芥子气武器时，如果将碎布浸过尿液覆在脸上进行呼吸的话，就不会受到毒气的侵害。

漱口水。尿液中含有氨，而氨可以杀灭多种细菌。条件所限嘛，如果实在被逼无奈就用尿漱口吧，据说还有美白牙齿的功效。

麻醉剂。我们诚挚地希望大家都不会因任何事故导致四肢或手指或鼻梁折断。但如果不幸言中，就在伤口断面处浇一些尿吧。自16世纪初，战地医生们会偶尔使用这种无菌程度比滞水更高的尿液来清洁创口或者断肢的暴露面。

掉入深坑如何逃出

至于是怎么掉进坑里的咱们就不再深究了，还是把注意力集中在怎么从坑里爬出来吧。

陡峭程度比深度更重要。所有的坑洞，只要不是垂直的90度直降，基本上都只能算是斜坡而已。而实际上可以说所有的自然坑洞都属于斜坡的范围，快速观察一下坑壁上固体颗粒的物理特性就能明白了。

在海滩上挖洞时，会发现再怎么尝试也没法让洞侧保持竖直，侧面的沙会不断地滚落到洞底进行填充。户外烧烤时，不管多么小心谨慎地将木炭煤炭往上堆砌，最顶部的炭块都会往下滚落，将炭堆延展。这两个例子所呈现出来的现象，叫作“休止角”，也就是颗粒材料在堆砌和挖掘的时候所自然形成的坡度。不同的物质，休止角有所不同，而潮湿程度和压缩程度对其角度的形成也会产生影响。比如，湿沙的休止角大概为45度；而干沙的休止角为30度。

实际上，大多数物质（即便是潮湿的土壤）的最大角度，都在45度以下——这意味着大多数自然形成的坑洞斜坡或者未加固的陷坑都是足够平缓的，靠自己就能爬出。首先走到斜坡的最低处，用双臂和双腿缓爬来移动身体。如果斜坡开始出现流动，那就对了，说明泥土在形成新的休止角。将松动的部分推到身后，让其堆到坑底部，然后继续向上移动。

但如果是一个竖直的人造坑洞——比如井，或者捕虎陷阱，爬起来相对比较困难。但这样的坑洞必然用石块或木头加固过，这样做可以逃出来：

将身体紧贴墙面，在石块或木梁之间寻找手脚可以搭力的孔洞，然后一点一点地往上爬。如果这口井相对比较湿滑和狭窄——也就是说呈坐姿的时候腿伸不直，那么背部也能作为受力支点。将脚抵住对向的墙，用双手和背部抵住最近的墙面，然后用力把身体往上推进，一次30厘米左右。

如何在崖壁上扎营

这样的技巧，真的有一天会万不得已用上吗？这么说吧，大多数食肉动物都是没有能力攀爬崖壁的。所以崖壁绝对是最安全的地方，可以安心地闭眼睡觉（只要别一个翻身掉下去）。

操作方法

1. 运气好的情况下，那些一旦遭遇就会追着你脚后跟跑的狮子、老虎、熊，在跟你正式见面之前可以留出足够的时间给你收集所需的物料。首先，找一些纤维性植物，这是做绳子的上品。夹竹桃和乳草属的植物在北美洲的森林中很常见，拿来做绳子完全合适，需要其呈棕色的细长茎部。

2. 去掉外皮，把其纤维质的内层理出来。把所有细小的木屑清理干净，然后全部绑在一起。所需要的绳子至少得 12 米左右。

3. 还需要一个临时吊床。如果刚才做好的绳子长度足够，且手里有大把闲暇时间，可以试着做一个出来。当前情况下较实际且比较易得的材料，估计就是动物皮了。目标可以选麋鹿、梅花鹿或其他体型比较大够做出吊床来的动物，将其猎杀后剥皮，去除所有的组织和脂肪。理想情况下，需要对皮进行伸展、盐化、晾干等流程（这一个流程下来基本上就好几周过去了），但眼下的状况估计是等不了这么久。假若自己相当自信，对自己高标准严格要求，可以用动物皮做出一个帐子来。这种可悬挂帐篷当然要比吊床舒服很多，是攀岩者的最爱，至少遮风挡雨是没问题的。

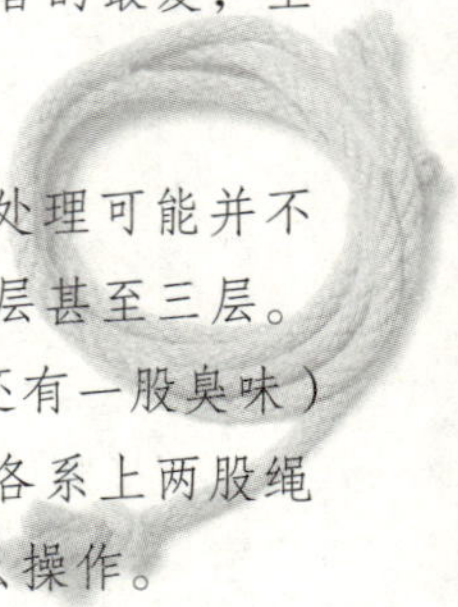

4. 由于时间关系，对动物皮的干燥处理可能并不理想，因此得把吊床底层做成两层甚至三层。用锋利物在新做好的吊床（估计还有一股臭味）两端各戳出两个洞，然后在两端各系上两股绳子。如果做出帐子来，也一样这么操作。

5. 另外还需要螺钉或长钉来将吊床（及帐子）钉死在悬崖上。如果条件允许，最好再找来一些地脚螺栓备用。此时还得自己锻造一些坚固的长钉，以及一把锤子和一个安全钩。长钉至少要用 8 个。

6. 看到这里估计有人会觉得，这个搞法这么复杂，什么馊主意啊。嗯，这种想法还是在理的。但不管怎么样已经走到这一步了，就请一条道走到黑吧。找一处崖壁，用绳子给自己做一个临时背带。然后将剩下的绳子切成四段或以上。将这些绳子绑在肩上，连同吊床（或帐子）一起，穿上背带，并在背带上绑好安全钩。

7. 在岩面上钉入一颗长钉，并在长钉上系上绳子，绳子另一端绑到安全钩上，就可以开始攀岩了。万一发生意外，绳子会将安全钩拉紧，应该可以防止自己直线摔落到悬崖底部。接着在身体下方钉入第二颗长钉，再系一条绳子到长钉和安全钩上，再把第一条绳子取下。这样的方式可以保证自己安全下降。持续此过程，直到高度足以让野兽们够不到，而且（或者）对崖下美丽的风景一览无余即可。

8. 再钉两颗钉子到岩面中，将吊床（或帐子）两端的绳子分别系到两颗钉子上。接着再钉入一颗长钉， 将另一条绳子系到钉子上，并同安全钩进行连接（安全第一！）。现在就可以爬进去躺着了，做好心理准备度过这个疯狂的夜晚吧。虽然说目前的位置能避开狮子、老虎、熊，但并不等于高处的晚风呼啸能让你安心入睡，也指不定哪块大石头从上面滚落下来碰巧就给你砸得不省人事，还有可能哪只鹰闲得无聊飞过来啄你两下。祝好梦！

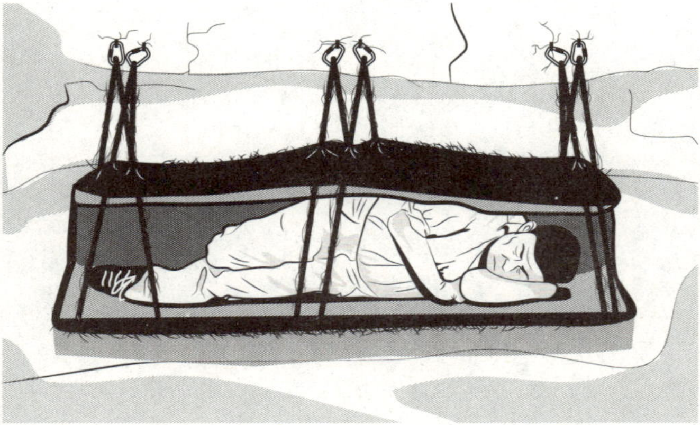

木柴的获取和干燥

要生火，当然得有木头柴火，所以第一件事是找到木柴；而潮湿的木头是无法燃烧的，所以第二件事是对柴火做干燥处理。这两件事是一个整体，互不分离。

- 在地上能捡到的大部分嫩枝和树枝，都不是拿回去就能直接用的。这些小枝就像海绵，在遇到雨、雾、露等天气之时就会吸收空气中的水分，变得很“生”，无法点燃。残枝断木会吸收潮气和水分，而从活树上折下来的枝干却可以燃烧得很好。

- 尽量去向阳区域的树上折枝。当然了，向阳的树枝，其干燥程度肯定优于潮湿区域内的树枝。那么要判断什么样的树枝该采集，有一个比较保险的办法来验证，那就是直接折断。如果折断并不太费力而且折断时发出的声音清脆，就说明属于优质柴火，值得拿回营地用。

- 如果找回的干木柴足够用于生火和续火，那么先恭喜了。不过所谓居安思忧，真说不定什么时候就从某个角落忽然钻出一阵暴风雨来毁掉自己的劳动成果。无论如何，干燥木柴是早晚的事，总会出现一个理由推着你去做的。一般来说，生材（即未干燥的木材）需要6~8个月的时间才能变“熟”，干燥到可以燃烧的程度。而在野外冻得瑟瑟发抖之时是等不了这么久的。

- 要事第一：由于地面上潮气很重，因此要想方设法将木柴同地面隔开，最好存放在干燥且离地较高的地方。如果有时间有原材料，可以自己建一个临时柴房，或者放到自己目前所用的庇护所里也可以。不过这之前一定要认真检查一下木头里有没有白蚁或者其他面相吓人的昆虫，不然晚上睡着了之后，这些虫子没准就爬到身上来了。

- 找到（或建起）一个干燥的存放地点之后，需要将木柴层叠起来，但高度不要超过1.2米。堆叠的时候注意在每块木柴之间留出足够的空隙让空气流通，以便于木柴内湿气蒸发。千万不要用防水布或类似物品盖在木柴上，这样湿气无法蒸发，放多久也干燥不了。

- 身处野外，木柴一定要备够量，所有干燥得最好的木柴要放在一起。如果出现紧急情况需要立即生起一堆火却恼于没有一块可用的干木柴，可以尝试将当前最干燥的木柴外层的树皮削掉，剩下的部分其干燥程度应该是能够烧得起来的。火生好之后，再添进去的柴可以稍微湿一些，但添柴动作要慢，一次只添一块。湿木柴过多火也会熄灭。将较湿的木柴放在火堆旁边可以干得更快一点，但也别期待能出现什么奇迹。另外，木柴越湿，燃烧时产生的烟雾越重。如果是在通风条件比较差的洞穴里生火，这一点尤其要特别注意。

- 一些补充说明：不要用橡木。橡木从生材变熟材需要的时间相当长。木头越大，干燥起来所需的时间就越长，因此木柴储藏室尽量存放细小的枝丫，而不是大块的原木。

蛇咬伤的处理

蛇并不可爱，蛇一点儿都不萌。如果觉得蛇带有以上属性，脑子肯定有问题。如果同某毒蛇过于亲近却突然被咬了一口，请参照以下的方法度过这个生死关头。

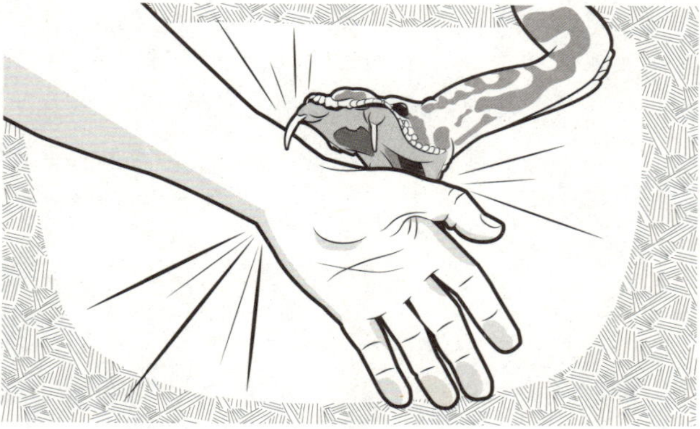

不要将毒液吸出

在以前那些老旧的西部电影里，或者《疯狂高尔夫2》里面，确实是有人用嘴吸蛇毒这样的场景，但实际上，并不怎么管用——还很可能会使伤情恶化。在伤口上吸吮，会造成伤口感染或损坏伤口邻近区域的神经及血管。此外，如果有时间像吸饮料一样吸吮伤口，还不如将这宝贵时间用于寻求专业医疗人员的帮助。

不要用止血带

好多野外生存类的书都一边倒地声称，止血带可以切断蛇咬伤口周边部位的血液循环，防止毒液参与血液循环，这样就能够给伤者争取到时间向医生求助。不过，近几年的研究却表明，多数情况下止血带是达不到这个效果的。与此同时，止血带会将血液循环全部切断，意味着伤口最后会溃烂生蛆，只得截肢处理。

不要泡水

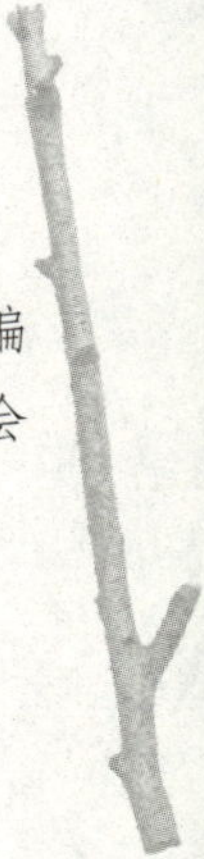

将伤口放入热水或酸奶中浸泡（这都是民间偏方）是不管用的。已有研究表明，热水和酸奶都会加速毒液的扩散。

以下是正确的处理方法

- 保持冷静。不管再怎么发狂、喊叫、跑圈、手舞足蹈，起不到一丁点作用。还有，如果咬你的蛇还在附近，尤其那种一看就是脾气不好的蛇，请尽速逃离。

- 咬你的蛇到底有没有毒？在北美比较常见的危险蛇类有：响尾蛇、铜斑蛇、噬鱼蛇和银环蛇。如果分不清到底是哪种蛇把尖牙刺进自己皮肤里了，那就稍作等待，观察自己是否会出现毒蛇咬伤的一般症状（这个等待的过程真是相当煎熬）。症状一般会在20~60分钟内出现，包括：发冷、发热、虚弱、恶心、视觉模糊且（或）呼吸困难。如果依旧无法确定，就第一时间火速赶回城里，若真的是毒蛇咬伤，需要尽快寻求医疗处理。

- 如果咬伤部位在手臂或腿部，那么尽量不要移动被咬肢体，将其保持静止，并用夹板固定。被咬的肢体活动量越大，蛇毒通过血液循环扩散全身的可能性就越大。将伤口尽量维持在心脏水平高度以下，可以降低蛇毒扩散到重要脏器的可能性。如果咬伤在腿部，显然去找医生就是个非常麻烦的问题了。如果身边有同伴，让同伴们协助自己进行移动，同时保持被咬的腿尽量固定不动。

- 将伤肢上佩戴的首饰及过紧的衣物全部脱掉，包括手表、鞋及手镯等。这些物品会对伤肢施压，可能导致肢体肿胀，这样的惨状谁也不希望出现的吧。

- 酒和水都不能喝，尤其是酒，酒会加速身体吸收蛇毒的速度。

- 也不要吃任何东西。

- 再说一遍，尽快寻求专业医疗处理，就这一条。若是在野外被毒蛇咬了，靠自己或者当下环境里能找到的东西是没能力搞定的。最近的医院应该有现成合适的蛇毒血清，可以让自己度过这个生死关头。

- 如果对蛇类非常了解，也能确信咬自己的并非毒蛇，也最好赶紧去向专业医生确认。伤口有可能会感染而造成其他的什么问题，尤其是手上没有现成的绷带或其他医疗资源的时候请谨慎点。

* * *

如何制作捕兔棒

这种古老的武器（也叫投掷棒）算得上是回旋镖的鼻祖了，但不同的是，这种棒扔出去之后不会折返，但可以协助捕捉一些体型较小的动物，比如松鼠或兔子。找一块结实点的木头（最好用橡木）削一块下来进行加工，将顶部、底部和边缘都削平，中间部位呈 45 度拐角。现在用非惯用手（如果是左撇子，就用右手拿，以此类推）拿着捕兔棒瞄准投掷目标，上下挥动蓄力，当棒子与另一只手臂平齐时，松手进行投掷。如果一切顺利，那么棒子应该可以朝着目标直直飞过去。

在野外制作肉干

有一种东西，既方便携带，长期不变质，味道还很好，是什么？没错，就是肉干，每个户外爱好者的首选备用食物，而且次选乃至三选四选五选都必须是肉干！

所需物料

- 肉。什么肉应该都行。我们建议使用鹿、兔子、松鼠或是熊的肉……当然，熊肉的获取难度大一点，前提是能打得赢（参考第 97 页）。
- 三根树枝
- 三根木棍
- 麻线
- 生篝火所需的所有材料
- 小刀，容器，以及其他烹饪用具
- 盐
- 水

操作方法

1. 将三根树枝支成三角圆锥形状，这样一个简单的三脚架有助于给肉干脱水。接着把另外的三根木棍在三角支架底部绑好固定，这样烘干架就做好了。

2. 找个天晴的日子，等到临近中午的时候（这个时间点对后续工作很重要），拿小刀将每块肉上的肥肉部分切除，然后把剩余的瘦肉部分切成条状，每条的厚度在3~6厘米左右，注意切的时候要顺着纹路切。

3. 接下来要将“腌汁”提取出来作腌料用。找个壶，把能找到的调料都放进去做成一锅腌汁。接着放入肉片，多加搅拌让肉表面都敷上腌汁。锅里需要时刻盯着，一边盯着一边做下一步。如果肉干取自灰熊的肉，那么这肉干的味道有可能会将其他熊伙伴们吸引过来（多半是来寻仇的），所以请小心。通常来讲，这些肉要在腌汁里泡一整夜，但肉不冷藏的话会坏，所以在这个情况下就没法泡这么久了。

4. 生个小篝火，让其烧至余烬状态，形成一个炽热平面。将烘干架拿过来架到余烬正上方，将肉片搭到干燥架上。

5. 确保各肉片之间没有互相接触，尽可能将肉完全暴露在空气、煤热和烟熏中，另外要保证有阳光直射，要做成肉干需要晒很长时间的。烟熏可以驱除肉里面那些烦人的小虫子，但也要时刻盯着将苍蝇和其他虫子赶走。另外要注意别让肉生蛆，不然肉干就变成腐肉了，千万注意。

6. 记住：以上操作的目的不是为了把肉烤熟。如果发现肉烤得滋滋响了，就立即拿掉一些木柴。

7. 过几小时后，肉应该就干燥得差不多了，而且这个状态的肉也不会招虫子。如有需要，将三脚架随着阳光直射位置的变化进行移动。到太阳落山之时，可以挨个看看每片肉是不是都晾干了。如果一切顺利，那么恭喜了，你已成为“肉干达人”！

8. 另一种情况，若肉里依旧水分较多，就将肉条放入一个可封闭的容器中，以便其他动物无法碰触。接下来就一边祈祷天气变好点，一边重复第4-5步骤，直到第二天肉条全部干燥完毕。

9. 将肉干贮藏到阴凉干燥的地方。这种方法做出来的肉干虽然味道赶不上商店里卖的，但也足够在漫长的回归城市之路上填饱肚子了。如果贮藏得当，这些肉干至少可以保存好几周不变质。

* * *

在海上漂流得最久的人

1813年10月，船长小栗重吉和水手山本音吉从日本海岸驾船出发，而之后船被风暴掀翻沉没。他们两人在海上漂流穿越了整个太平洋，最后在1815年3月24日在美国佛罗里达海岸获救。漂流了整整484天。

如何打败一头熊

遭遇熊要如何应对，这个问题抛给五个壮汉会得到五个不相同的答案。但总结起来，仍然有一些具体策略需要科普给大家，以便在真正同一头熊面对面之时，自己不至于除了腿软外一筹莫展（而到底什么样的策略最有效，可能要视具体情景以及熊的种类而定）。

了解习性

熊算得上是自然大学的优秀毕业生：它什么都吃，连其他动物吃剩下的腐肉都不挑。假如一头熊散步时不经意逛到一处营地了，它也不会嘟囔嘴觉得运气不好——而是会满怀希望地去四处翻翻，没准能找到一包巧克力棒呢。其实大多数熊也不想遇到人类，就像人类不想遇到熊一样。但即便如此，自然大学也跟一般的大学一样，总有一些大学生比较混蛋。

防微杜渐

好像有句谚语是这么说的：想要从熊口逃生，最简单的办法就是不要遇到熊。为了让熊大熊二们不要对自己的营地产生浓厚的兴趣，最好将所有的食物、食物废料、除臭剂如此种种的——熊可能会好奇去嗅闻的东西——都存好了，放到一个能上锁的“防熊罐子”里。然后将这些对自己有用的容器，在外出时放到离营地至少30米开外的地方。而自己在营地的时候，大多数熊看到燃烧的篝火就会主动避开。

逃离策略

如果真的遇到熊了，第一个动作就是迅速逃离。多数专家都认为不能瞎跑，不然会触发熊类的捕食本能。因此，要朝着另一个方向有意地走开，万不能同熊产生目光接触。通常情况下，熊也会一样自己走开，就像你跟同事偶然在成人书店里撞见，各自转身离去假装没看见一样。如果必须要迈开腿跑，一定要朝着山上或者山下跑，且跑的时候沿着Z字形进行折回跑，这种跑法对熊来说是有点难度的，因为熊体型庞大且四肢短小不够灵活。但是即便如此，你能跑赢熊的概率也很低。

气势恐吓

其实搞点虚张声势也可以让熊觉得这个人不是善类，最好别惹。信不信在你，但如有危险，不妨一试？站起来背挺直，抬起手臂，如果有穿外套就把外套打开，让自己看上去体型越大越好。然后发狂似的咆哮、呼喊，如果身边有带壶和锅之类的东西，就朝着熊扔过去。动作尽量夸张一些，这个时候熊就会在心里估算你是不是值得它干这一仗——你的扮相越可怕，熊放弃探你底的可能性越高。

实在不行就打吧！

如果无处可逃，且恐吓策略熊并不买账，那就只能实打实地硬拼了。如果你运气够好身边有枪，那么此时不用更待何时。瞄准熊的下颈部和胸口部位，多开几枪——要干掉一只600多公斤的科迪亚克熊，一颗子弹真搞不定。如果手上有刀，就直接往熊的颈部捅进去。对付这种精力旺盛的猛兽，还可以使用梅西防熊喷雾，不过也有专家说，这种喷雾只会激怒熊——咱们坦诚点说，这个方法不太爷

们儿。

假如面对熊时两手空空没有任何武器，那么要第一时间随手找个东西当武器。如果可以的话，拿一根树干或者搬一块大石头朝着熊的薄弱部位击打，如眼睛、鼻子、颈部等。如果是公熊，对着它的蛋蛋来一脚也是很有效的。如果你成功地把熊打蒙了开始有意退却，抓紧这个绝好的机会赶紧跑吧。

想要徒手猎杀熊基本上是天方夜谭，但如果在遭遇战里把所有招都用上了，没准可以让熊觉得，这次就这样了，还是握手言和各走各路吧（这只是比喻的说法，千万不要去跟熊握手）。

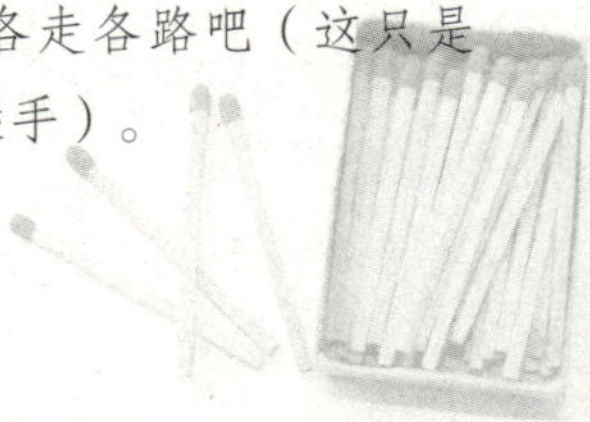

紧急情况下的医疗处理

既然现在没几个人有随身携带急救包的习惯，那么以下介绍一些用身边的物品进行医护处理的方法。

割伤

- 大而浅的划割伤或擦刮伤，可以用干净的餐巾或胶布作为临时绷带对伤口进行覆盖处理。
- 可以在伤口上涂抹强力胶以防水和预防感染。这个方法只适用于长度5厘米以下的伤口，而且在操作前要用肥皂和水仔细清洗伤口。
- 蛋壳内侧的那一层膜状物可以作为天然绷带处理小型擦刮伤。
- 卫生棉可以用于止鼻血。
- 茶树精油和椰子油都有抗细菌抗真菌的特性，可以作为临时的抗菌软膏涂抹使用。

叮咬和皮疹

- 对于蚊子叮咬引起的皮痒，可以用滚擦式除臭剂对患处进行擦拭。

- 对于蜜蜂及黄蜂叮咬，可以将嫩肉粉和水混合成糊状擦拭。嫩肉粉里的木瓜酵素会对昆虫毒液中的有毒蛋白质进行分解。

- 生洋葱对于昆虫叮咬也非常有效。可以整片覆盖至伤处，也可以捣成糊状敷到纱布上使用。

- 胶态燕麦中的植物化学物质对于湿疹或荨麻疹等引起的皮肤瘙痒发炎有缓和作用。用食品加工机将燕麦片研磨成粉状，在伤患处沾温水擦拭。

烧伤

- 阳光暴晒引起的皮肤灼伤，用金缕梅可以起到很好的效果。

- 对于不太严重的烧伤，用蜂蜜涂抹伤处并用干净的纱布包扎即可。蜂蜜有保湿作用，还可防止感染，而蜂蜜里的营养物质也能促进皮肤再生。

撞击伤

- 如果在野外想要冷敷瘀青处却没有冰袋，用一包冻豌豆即可。
- 用土豆敷在患处可以消肿。将土豆磨成泥，并在肿胀区域厚涂一层；涂完用塑料胶纸缠好，这样土豆不会移位不会掉落，然后静置1小时。
- 睡前用牙膏涂在肿胀处，基本上第二天起来肿就消了。

吃错东西

- 如果食物中毒，基本就需要催吐了。可以把芥末和水按1:1混合服用即可催吐，效果跟吐根糖浆一样好，而且也比用手指抠喉咙的方法来得更安全一些。
- 如果因食用过辣的辣椒导致嘴里灼烧感强烈难忍，可以在一杯水里加入半匙小苏打用来漱口并吐掉，再用清水把口腔清洗一遍。

海上漂流的求生技能

在第二次世界大战期间，有一位叫作潘濂的中国海上商人在一次乘船出海时，鱼雷将他的船击沉，仅他一人死里逃生，独自在一个2.5米长的木筏上挣扎生存了133天后方才获救——这是目前为止的最长纪录。潘濂这一壮举所蕴含的智慧和勇气深深鼓舞了当时的英国海军，还将潘濂这一可怕经历作为军队生存训练的基础课程。以下是这一训练课程的部分内容。

有效储备

救生筏里通常都会配备一小份补给品，包括饮用水、不易变质的食物、急救包以及发信装置。如若救援人员抵达需要相当长一段时间，那么对补给品的分配就必须要合理计划了，给自己争取部分时间去寻找可替代的食物和水，否则补给消耗过快，生存就会出现大危机。

利用一切资源

因突发事故使得自己身边的资源所剩无几时，一定要进行最充分利用。当时的潘濂将救生衣的帆布套用来遮挡阳光和收集雨水，将手电筒的弹簧做成鱼钩，将饼干罐头压扁做成简易的刀。

关注身体的需求

人不吃东西可以活好几周，但不喝水的话几天都撑不过去。在海上漂流时，如果能够控制船筏的方向，就朝着下风方向去找雨；将救生衣的防水布撕下来收集雨水。当然了，取水的方法不止一种：

有好几次，潘濂都是饮鱼血止渴。

身心都动起来

最危险的事，就是失去活下去的欲望。可以通过一些例行事务和活动将绝望情绪压制住。潘濂虽然水性很差，但也坚持每天把救生索系在腰上围着筏子游几圈。另外，如果补给包里还有笔记本之类的东西，就写写日记吧。给自己一个理由，对每个明天都充满期待，即便是自己救生筏漂在大海的正中央，也不能让绝望爬上身。

寻找获救的机会

若在开放水域看到其他船只和飞机，应立即向其发射信号弹（如果还有的话），或者用手电筒发出紧急求救的信号，没有手电的话也可以用镜子或其他反光表面。此外，有一些现象表明附近有陆地，一定要多加留意：比如水的颜色出现变化，天上的云静止不动了，过往的鸟类越来越多等等。而自行泊船靠岸，船筏出现翻覆的概率是很高的，这一点千万注意。可以在筏子底部多加一些配重提高稳定性，上岸之后要用水把船体注满。

如何躲避鲨鱼袭击

总体来说，鲨鱼袭人事件还是比较罕见，全世界范围内每年仅4人因鲨鱼袭击身亡。而鲨鱼通常都出现在开放水域。如果自己是游泳或冲浪爱好者，那么请牢记以下内容，以防万一。

保持距离

若不想遇到鲨鱼，就不要接近鲨鱼常出没的区域——而鲨鱼喜欢什么地方呢？当然是食物在哪它们就在哪。所以一定要跟鱼群、海豹群和海狮群保持距离。鲨鱼不喜欢吃别的鱼吃剩的残渣，而更喜

欢去捕捉活物，但也会捕食那些聚集在鱼饵和垃圾附近的杂鱼和海鸟。因此，也不要离捕鱼船太近。另外鲨鱼也喜欢一些较封闭的区域，这样捕猎的时候猎物不容易跑掉，比如海峡、港口和一些坡度大的斜坡。跟所有的猎食者一样，鲨鱼也了解伪装的重要性，所以它们也更偏好于昏暗浑浊的水域而不是清水。许多鱼类都会在大雨后聚集在河口附近，下水道径流会将一些动物腐肉冲到海里，引得各种鱼类前来觅食。

不要被鲨鱼发现

鲨鱼的视力并不好，但对于一些环境反差却能看得很清楚，对其他生物的肢体动作也比较敏感。不要穿太亮丽的衣服——比如黄色和橙色——也不要佩戴会反光的首饰，不然鲨鱼会误以为是鱼鳞。以前有传言说鲨鱼会被处于经期的女性吸引，这种说法好像带点性别歧视，但鲨鱼真的可以在一两公里之外闻到少量血液的味道——如果不小心受伤流血，一定要立刻从水中出来。

只要有朋友在，就不要独自一人去游泳。鲨鱼喜欢朝着鱼群冲过去一口吃一大堆，但对于体型比较大的猎物，还是偏好选落单的下手。

冷静应对

如果已经看到有鲨鱼向自己靠近，请务必保持冷静——但同时也要准备进行应对。这个时候也有可能它根本没注意到你，如果足够冷静没有手舞足蹈地乱动，它也不会有过激反应。尽量地保持静止，慢慢踩水。注意观察它靠近的方式。如果是直直地冲过来，多数情况下是因为它对你比较好奇，极有可能只是过来用鼻子撞撞你然后就走开了。但如果鲨鱼呈Z字形游走或者围着你盘旋，那么它就是在寻找最佳的攻击角度了。

自我防卫

尽可能留意自己的视线盲区，将背部靠着船只或码头边，或者跟好友背靠背。先人的智慧告诉我们，可以通过重击鲨鱼鼻部将其驱离，但是在水下想要精确地发出那一击，难度真的很大。这个时候，戳抓鲨鱼的眼睛或者鳃部来得更有效一些。而万一真的被鲨鱼咬住，也别装死——要更激烈地反抗。朝着鲨鱼眼睛好好来一重拳，让它明白为什么鲨鱼很少袭击人类——要吃人，完全是得不偿失。

放大手机信号

如若被困于荒凉偏僻之地，最惨的还不是饿死或者被熊吃掉，而是太太太太无聊了。不过好在带了一部智能手机……但悲催的是，没！信！号！这个时候，以下技能可帮助你在野外获得良好的手机信号，至少能有点网刷刷微博微信。或者，如果都有信号了，干吗还不报警求救？

操作方法

- 显然能给手机充电的电源问题已经解决了（比如那些炫酷的手摇发电器），那么信号放大器也可以拿来多加利用。插上电源，拉出天线，剩下的就不用管了。市场上也有一些用电池供电的信号放大器，比如一款叫作“户外游侠”的，其宣传标语就很简单明了：“让信号再多几格。”这个产品在背包客之中非常流行，当手机离最近的信号发射塔距离很远的时候，这个机器可以提升手机的信号感知强度。紧急救援人员和乡村研究人员还会使用比较昂贵的无线卫星天线。不过在方向感尽失的情况下，以上这些电器估计是没带的，没错吧？

- 一些动手能力较强的背包客喜欢用“自制放大器”。这些临时做出来的放大器，原材料基本就是锡罐，但品客薯片罐貌似效果更好——大概是因为薯片罐的罐身比较长，而桶外表附有一层金属箔。自制放大器放大出来的信号没办法打电话（除非使用互联网电话服务，比如Skype），但可以在远离城市的地方提供足够的信号上网。要造一个这样的放大器，首先需要把罐子清洁干净，在罐子侧面戳一些小洞，并在这些洞之间缠上电线。操作之前建议到网上搜一下“品客薯片罐放大器”，把操作方法打印出来先学习一遍。

- 如果身边没有电线和薯片罐之类的东西，那只能用最笨的办法，自己去搜寻手机信号了。如果单单只是确定这条路的确通向信号发射塔，那么并没有什么用，依旧没信号。如果说自己和发射塔之间还有一些地理遮挡物，那就更没戏了。如果身处的地方地势较高且树木特别多，那就尽量去到最高点。如果前往最高点的路上需要爬树，那就爬吧——不过记住，安全第一！若是前方一整座山挡住了信号塔，那么只能送你两个字了：爬山。

- 也可以试试“麦吉弗式”的方法，把曲别针打开，弯成一条直线状，将其一端插进手机的内部天线口。接着将曲别针再次弯曲，紧贴着手机后壳，然后用胶带或口香糖或者任何一种能粘的东西，将其固定。运气好的话，你的信号没准能加 1 格，或好几格。

***

徒手街头格斗技

- 拿一串钥匙在手里，将钥匙尾端从指间的缝隙中探出。击打对方的颈部、眼睛或腹股沟位，可以迅速结束战斗。

- 踢击对方腹股沟处，这样能比对方产生更长的实际攻击距离。

- 其他武器：梳子（划擦对方鼻子下侧）；雨伞（用于戳击）；化妆品（将粉末吹到对方脸上，让其无法睁眼）；还有指甲刀、笔，以及其他带尖的东西。

一个真实而奇特的生存故事：莫罗·普罗斯佩里

强悍的莫罗

莫罗·普罗斯佩里是一名意大利警员，喜欢在闲暇时间参加马拉松及其他一些竞争激烈的比赛。1994年，莫罗和表兄一起报名参加了撒哈拉沙漠马拉松（沙之马拉松），这是世界上强度最高的极限赛事之一。参加比赛的人员需要在南摩洛哥地区冒着40℃以上的高温穿过撒哈拉沙漠。此项赛事极其危险，主办方都会在赛前要求参赛者撰写一份说明，一旦意外身故，可以第一时间妥善处理遗体。

比赛进入第四天时，莫罗遇到了沙尘暴。但他并没有停下脚步，而是坚持着继续往前跑，想着先保住第四名的位置，运气好的话还能追上前面的对手。沙尘暴肆虐了6个小时才停下来，而他却完全偏离了赛道，迷失在无尽的沙漠中。

鲜血与决心

接下来的36个小时里，莫罗一直在沙漠里游荡。在耗尽了所有的水和食物之后，莫罗找到一处废弃的穆斯林墓园，他便把随身携带的意大利国旗插到了屋顶上，希望能引起过往救援直升机的注意。墓园里有一个圣徒的遗体，但这个时候莫罗已经顾不上害怕了，他把墓园当作庇护所，抓天花板上的蝙蝠来吃。后来他告诉记者们说："我决定喝蝙蝠血止渴。我去抓了几只蝙蝠，砍掉头，用刀捣开内脏，然后吸食血液。我至少吃了20只蝙蝠，都是生吃。蝙蝠抓猎物也是生吃，这也没什么奇怪的。"

莫罗在墓园待了三天，觉得自己生还无望，便开始用削笔刀自杀。但自己因为脱水，血液已经变得非常黏稠，刀划开的伤口很快就凝固了。莫罗这时候又重新冷静下来，开始继续挣扎前行，使用指南针和头上飘移的云来辨别方向。一路上他吃过虫子、蜥蜴、仙人掌。为了获取水分，他把能找到的每一株植物都拿来呷一遍，汲取一点点露水。到了第八天，他终于看见一片绿洲，然后次日下午，一群牧羊人发现了他。

继续前行

到被人发现的时候，莫罗已经偏离比赛路线在沙漠里游荡了300公里，进入了阿尔及利亚境内，而这次苦难的经历让他暴瘦了18公斤。之后的好几个月，莫罗只能靠吸收营养液来维持生命。在这次意外两年后，他的身体才完全恢复。

这次恐怖的经历并没有让莫罗放弃此类极限赛事，他依旧报名参加了1996年的撒哈拉沙漠马拉松。主办方不同意他参加这次比赛，但在1998年莫罗再次报名，主办方同意了。不过那一年的比赛他却不得不中途退出……因为脚趾撞伤了。最后他在2012年完成了全程的沙漠马拉松比赛。

野外的天然药品

现代科学家们看似知识渊博，但依旧还得从古代的资源中提取用作治疗的药物。民族植物学家们也还得去了解传统社群拿什么样的植物作药用，然后将其采集回来并将其中起到治疗作用的化合物进行隔离提取。所以大自然依旧伟大，而以下这些则是能在野外找到的纯天然药品。

金盏花。金盏花呈黄色，实际上是菊科植物的一种。金盏花加上油捣碎而成的膏状物，可以用来止血和促进开放创口的愈合。实际上，在美国内战和第一次世界大战中，金盏花都是作为战地药品进行使用的。

覆盆子（木莓）。这种水果大多数人都认识，新鲜食用和做成蜜饯都很好吃。但还有一个不太为人知的功用就是，覆盆子叶子可以作为营养茶饮用，含有丰富的铁和钙，也可用作子宫收缩药。这是传统的治疗痛经的方法，有时候还作为缓解分娩阵痛的药物。

紫锥菊。也叫松果菊。此花外观很像菊花，在美国的东部和中西部都很常见。本土印第安人自古以来都食用紫锥菊来增强身体免疫力。可以用来泡茶，也可以磨碎之后放入胶囊服下，有助于治疗感冒和流感。紫锥菊也可以作外用药，在割伤和擦伤的伤口敷上紫锥菊，可除菌防感染。

白毛茛。白毛茛是毛茛的近亲，其根和叶子富含白毛茛碱和小檗碱——这两种物质都是纯天然抗生素。将其根部切碎并蒸煮，做成酊剂，可以当作漱口水或者局部消毒剂，以防治真菌感染，比如足部的癣等。如果同大蒜一同口服，据说可以有效杀灭寄生虫。

金丝桃。这是一种五瓣黄花，原生于欧洲，后通过引进和传播现在开到了全世界各个角落，在部分地区被视为入侵物种。其叶子上散布的小油腺将叶面划分成类似窗户的外观，比较容易辨别。将其花蕾或种子荚捣碎，可产生一种紫红色的液体，消炎功用极好。此外，金丝桃还可以刺激大脑分泌褪黑素和血清素，医生们通常将其用于治疗失眠和临床抑郁症。

姜。生病的时候，母亲要你喝姜汤还是有道理的。姜根治疗胃痛的效果很好。如需缓解恶心呕吐，可以把姜切成细丁并水煮，直到姜水的颜色变成淡黄后把姜捞出，如果想吃甜一点可以加一些蜂蜜（够胆的话，参照第25页去取蜂蜜），热饮或冷饮均可。如果没有条件熬姜汤，鲜姜切一片直接咀嚼也同样有效，就是有点辣嘴。生姜非常硬而且纤维特性强，所以别直接吞食——放在嘴里咀嚼饮汁即可。

树皮。饥饿也是一种病，对吧？实在饿的时候，可以食用东部白松的树干内皮。白松树皮比较长而且粘手，需要干燥处理，然后进行烤制，这样嚼起来比较香脆，或者磨成粉冲水喝。

如何徒手捕鱼

因为你的双手就是工具。

前期准备

- 徒手捕鱼的危险性很大，不到万不得已的时候不要用这个方法。即便是除了身上的衣服完全一无所有，都可以用身边的材料做出一些简便的钓鱼工具。

- 最简单的工具就是把木棍头部削尖当鱼叉，不过叉鱼这个技能需要大量练习才能掌握，既需要极大的耐性，还要靠快速的反应能力。弹性好一些的树枝倒是可以作为鱼竿用，但可代替钓鱼线的材料却很难找。普通的绳子或缝纫线很容易在鱼拽线的时候断开。必要的时候可以用牙线；牙线的韧性特别强，尤其是把两股牙线编成一股使用时效果更好。鱼钩可以用安全别针来做，甚至用植物的棘刺都可以。

- 如果以前没怎么钓过鱼，最有效的求生工具就是自己穿的T恤衫。将袖子往脖口内卷，做成一个三角形状。将三角形的角尖打结拉紧。在T恤底部褶边处戳一些洞，然后用软树枝从这些洞里上下穿编（类似缝纫的穿法），做成一个半环状，能将T恤衫的底部撑开。这个过程用不了几分钟，一个方便的捕鱼网就做好了，可以拿去捕鱼做晚餐了。

操作方法

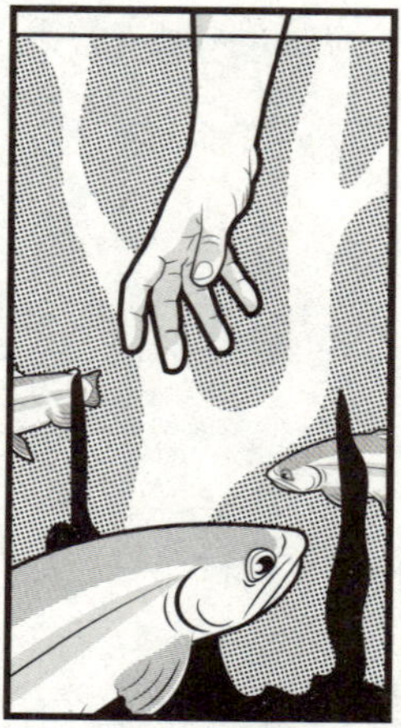

1. 捕鱼之前，当然需要确保自己所在的地方有鱼。有两个方式可以实现这一点：要么你主动去找鱼聚集的地方，要么让鱼主动来找你。对钓鱼者而言，后者的危险性要低很多，尤其是钓河鳟鱼，守株待兔更为有效。在河岸找一处水相对较深而水流比较缓的位置。俯身侧躺下，让一侧的手臂没入水中。可以调整到比较舒服的姿势，这个动作可得保持一段时间。

2. 捕鱼前，需要先给手臂降温。鱼在感知到人的体温后便会逃离，因此必须将皮肤温度降到跟水里的温度一致。

3. 慢慢扭动手指，模仿虫子痛苦扭动身体的样子。

4. 有鱼靠近的时候，淡定点。将手慢慢移向鱼的下方。有的专业钓鱼爱好者建议用手指慢慢抚摸鱼肚子，可以把鱼催眠——这个叫作“挠痒法”——但这都到了生死一线的时候了，哪里还有时间搞这些小把戏。直接把手掌伸到鱼的下方，手指慢慢向掌心弯曲。

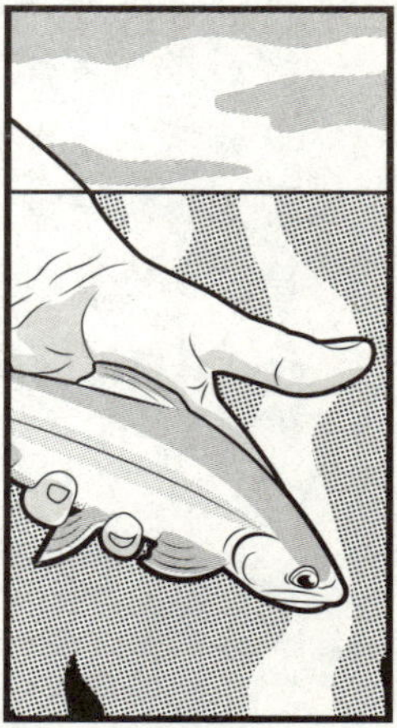

5. 不要妄想直接能把鱼握住——鱼身很滑，你一握，它直接就溜走了。所以这个时候要把手掌做个勺形，然后迅速将鱼拨出来掉到岸上。

6. 如果想抓鲶鱼，最好用的抓捕法叫作“弹拨法”。

抓鲶鱼最好是在春末夏初时节——正是产卵季，鲶鱼都会在产卵处附近守着。要到溪流或池塘比较深的地方，找到鲶鱼窝并在附近蹲守猎物。当鲶鱼靠近时，不要用手去抓鱼，而是用手指呈钩状插到鱼鳃里面，鱼鳃就在鱼头后侧；鱼鳃处有较多的骨头和软骨，可以放心用力地抓，不用担心抓坏。

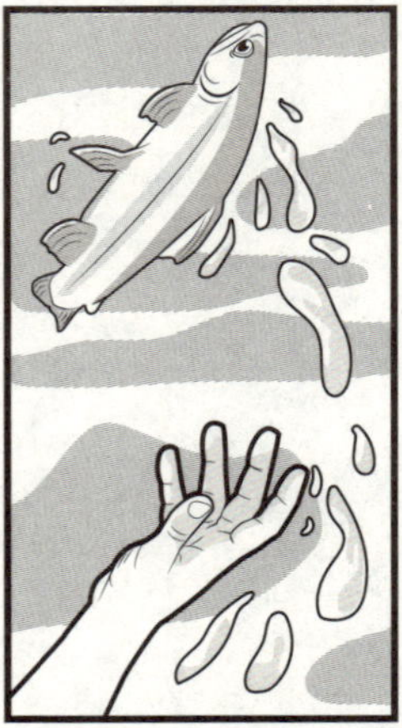

* * *

奇人奇事

1967年9月9日的洛杉矶，17岁的布莱恩·丽塔莎触碰到了23万伏特左右的“超高压”电线，而后竟然活了下来。这是有史以来人类成功承受的最高值的电压。

如何消遣时间（而不至于精神失常）

已然迷失荒野中，而自己通过聪明才智搞定了“食物和庇护所”之类的基本问题，那么先给你点个赞！不过生存问题虽然解决了，但空闲时间一大把，想虚度都找不到方式。跟树聊天这种事很快就会无趣，而如果聊着聊着发现树竟然也忍不住开口了，那么凭这个现象就可以肯定，你的精神已经出问题了。

想象打高尔夫

有一个广为流传的奇事你可能听过，一个美国战俘在被拘押期间通过每天在脑子里幻想打高尔夫球而避免了精神崩溃。而当他回到美国本土时，他发现自己打高尔夫球的实际水平真的提高了好多……反正故事就是这个套路。虽说这位大兵的身份无法确认，整个故事也许都是杜撰的，但实际上也并非不可能。你可以自己幻想参加了一场9洞或

18洞的高尔夫球赛。想象自己在每个洞口挥杆击球的样子，想象自己在每次击打前思考策略的过程。比如说在水障碍区应该选择什么样的球杆等等。然后每天的赛况还可以加一些情节反转，可以是轻松愉快的一天，也可以设定一个惹人厌的球童，就像比尔·默瑞在电影《疯狂高尔夫》里的角色一样。可以尝试想象各种各样的高尔夫球赛，如果觉得无聊了，就让想象力尽情释放吧。比如大家打球打得正欢的时候突然有一只哥斯拉（怪兽）摇摇摆摆地踏入草坪区域，如此等等。

动手打高尔夫

打“野外高尔夫”并不需要那些精致的球杆和球座之类的东西。一根树枝一个松果就可以了。在地上挖几个洞，然后全力得分即可。如果打兴奋了想要个好成绩，可以自己组织一个小型高尔夫球赛。用老树枝搭一个斜坡，倾斜在树桩上，树桩上挖个洞。还是那句话，要充分释放想象力。可以用风力驱动的旋转涡轮做成一个风车障碍区，制作过程应该可以耗掉你相当一部分时间，慢慢等着救援直升机出现。

坚持每日例行的事务

许多被单独监禁的囚犯表示，在“号子”里，保持每天做一些例行事务能避免自己陷入精神崩溃的状态。铁窗内的日子，每天早晨醒来，有些人习惯先洗漱和整理牢房，还有人自创了一套锻炼养生法，包括仰卧起坐、俯卧撑等。你也可以通过这种方式在混乱的周围环境中给自己强加一套有秩序的生活方式。可以在附近的湖边跑跑圈，或找一根比较结实的树干每天早晨做一些引体向上等。每天备餐用餐有固定的时间点，每天起床和睡觉的时间也要有规律。

“主持”脱口秀

过度孤独还有一个危害，你会发现自己不仅心智正在逐渐走向崩溃，你的认知能力和记忆力也在逐渐衰退。如若不想就这样衰落而终，你可以多唱唱歌，可以去回忆自己最喜欢的电影情节，或者在脑子里演算数学难题。不过有没有什么万能的方法可以让自己避免崩溃的同时还可以将思维、能力维持在当前水平呢？有的，那就是假装自己出席并现场主持一次《吉米今夜秀》（美国家喻户晓的谈话、综艺类节目）。要提前准备一些幽默语言，编一些问题给那些想象出来的现场嘉宾们。嘉宾的选择范围就比较广了，可以是一些演员，比如查宁·塔图姆、詹尼佛·劳伦斯，也可以是一些学者，比如奈尔·德葛拉司·泰森或者教科学的比尔·奈。这些嘉宾也并非一定是当今在世的，也可以请来亚伯拉罕·林肯和匈奴王阿提拉！你可以跟这些嘉宾们聊聊他们最近的活动，聊聊天气，聊聊怎么培育出完美的胡子，聊聊生存的意义……随你乐意。结束每一场“秀”时也需要一些背景音乐，当然了，音乐总监也非你莫属。假装你是弗莱迪·摩克瑞（皇后乐队主唱），演奏一曲《波西米亚狂想曲》，或者看看自己还记得多少坎耶·韦斯特（美国饶舌歌手）的韵律。运气好的话，没准每天晚上都可以吸引一批由鹿和其他茫然小动物组成的“现场观众”。

***

野外的口腔卫生

- 咀嚼松树或云杉的树胶，这是一种纯天然的牙齿清理方法。
- 将软毛柳枝的一端弄光滑，就是一个特别好的临时牙刷了。
- 如果以上技巧都用不上：咀嚼三叶草可有助于缓解牙疼。

在各种地点搭建庇护所

在迷失荒野的时候，没有庇护所的危险性可能比缺水更高。虽然地球上存在各式各样的环境和气候，但只要有方法，就可以搭建出庇护所来应对一切恶劣天气。

森林

1. 在一大块空地上选一棵树、一块大石头或者其他体积较大的物体。沟壑地区或者地势较低的地域不在考虑范围之列，有被水淹的风险。

2. 收集树枝、木棍和树叶。如果带斧头，还可以砍一些回来，不过一般在地上就能捡够。树枝的话最好各种大小长短的都多备一些。

3. 将最大的树枝斜靠石头放置，靠着树也行。这里要建造一种斜靠式的庇护所，这根大树枝就是主梁。

4. 将其他较小的树枝在此主梁的两侧斜靠堆放

（一端靠主梁，一端接地），造出一个三角形状的帐篷式结构，大小只要足够你爬进去躺着即可。

5. 将叶子和其他小枝条放在表面上，把所有的缝隙都盖住。最上层盖满叶子（沾土的叶子也可以），可以在某种程度上起到防水避雨的效果。

热带地区

热带地区跟森林相似，可以找到多样资源来搭建庇护所。不过由于地上到处都是横行的蛇和昆虫，所以最好把庇护所抬高一点。

1. 给庇护所打好地基。条件允许的话，在地里打入四根（或以上）互相平行的结实树枝作桩。

2. 在各桩之间都放上一根长树枝，搭出一个方形框架来，然后在对侧的两根长树枝之间搭放细树枝做成悬空的床。如果这一步所需的材料不足，也可以用枝条和树枝直接在地上堆成一个“床垫”，厚度约 15~30 厘米即可。

3. 安装支撑屋顶的桩木。在庇护所的两侧往地上钉入顶部带分叉的结实树枝。两侧的树枝高度需要基本一致，两侧的两根桩木需要朝同一个方向渐低，这样便于屋顶的水顺势往下流。

4. 在同侧的两个分叉桩上放置长树枝，然后用其他较长的树枝在此基础上横跨搭放——基本跟之前搭床的方法一样。

5. 用藤条或质地较硬的野草在各个树枝相交处进行捆绑。

6. 把整个庇护所用树叶、干草或能找到的其他东西全部盖满。如果在森林里，可以在庇护所屋顶上铺一层绿叶，这样防水效果更好。

7. 在热带地区，可以在营地四周围置一层香蕉树叶或者其他树叶，虽然这些叶子并不能挡住丛林肉食动物向营地靠近的脚步，但至少它们踩到叶子上发出的沙沙声能给你提个醒。

沙漠

好了，现在环境是愈发恶劣，要成功生存下来则越发地具有挑战性。沙漠环境下自然资源极度贫瘠，而灼热的阳光会让人很快失去行动能力。但即便如此也不要绝望！在大自然成功突破精神防线之前，还是有一丝希望能给自己搭建一个庇护所的。

1. 挖个洞。由于没有树木可供遮阴，只能转战地下。挖一条够自己躺进去的壕沟，深度约45~60厘米。如果能沿着石头或者沙丘挖，能省不少工夫。

2. 此时迫切需要一块油布或毯子。将布或毯子放置于壕沟上方，并用石头或沙将其边缘压住。接下来就爬进庇护所里等着太阳落山。

3. 如果身边没有布或者毯子，也可以沿着石头或

者沙丘扒出一个小掩体，至少让身体的一部分避开阳光直射。但说真的，如果身边找不到可用作遮挡的东西，比起“造庇护所”还不如去“找阴凉”。

北极地区

北极区应该算得上是最残酷的生存环境了——极度寒冷的致命速度可比沙漠的烈日来得更快。不过尽管如此，仍旧可以用冰和雪作工具造出一个庇护所……不过会消耗比较多的时间。如果能找到常青树，可以在树下挖一条雪沟，然后将其他的常青树枝搭置在沟顶和沟底之间。如果周围没有树而自己又迫切需要一个庇护所，最好是造一个雪洞。

1. 找一个高度1.5米以上的雪堆，如果没有现成的，就用身边的雪堆一个圆顶形。

2. 如果是自己堆的雪，那么在堆完之后至少需要将其静置两小时待其硬化。不然的话一挖洞就会松散垮掉。

3. 在雪堆下挖出一条通道。如果情况十万火急，就直接爬进这个通道内躺下，也可以得到基本防护。但如果时间还算充裕，我们可以在通道的基础上接着往下做。

4. 进入通道之后，就可以开始将雪洞内部掏空了。雪洞的内部空间大小取决于这个雪堆的整体大小。洞顶和洞侧至少需要留 30 厘米厚，这样雪洞垮塌的风险会小一些。可以用滑雪杖或其他能找到的东西探入洞顶侧，根据探入深度就可以知道留出的厚度够不够了，这样也不至于掏得过薄。

5. 同伴的力量要用起来！如果你是跟朋友结伴而行的，那么可以两人轮流进入雪洞去掏。这样万一雪洞垮塌，外面还能留一个人施救。

6. 把所有能找到的物品都拿来给雪洞隔热保温。如果还有树枝，就全部放置于雪洞顶部以及洞内的地面上。如果带的水足够，就在雪洞顶上浇一些，让雪更硬实。

7. 这间足以维持生命的小屋完工以后，接下来就是创意时间了！雪是柔软而结实的建筑材料，可以给自己砌一个长凳，或者搭一块安睡区。有一个比较实用的方法，就是将安睡区堆砌得

高一些，高度要高于通道入口，这样可以防止暖空气流散出去。

＊＊＊

高台跳水的技巧

- 跳出之后，在空中尽量保持身体竖直，脚趾朝下，用两只手保护好胯部。同时缩紧臀部，避免入水后水大量涌入肛门造成内脏损伤。
- 入水之后，立刻张开双臂双腿进行缓冲，避免沉得太深。

在野外获取咖啡因

假设所乘飞机意外坠海，自己是唯一的生还者，你拖着疲惫的身体好不容易上了岸，却发现面前是一个无人孤岛，现在没办法与外界取得联系，只能孤独地活下去。而这个时候如果能来点兴奋饮料会觉得整个世界都美好起来了！

- 目前已知至少有60~100种植物能产生咖啡因。大多数温带地区都有一些本土植物能够产生兴奋物质。

- 咖啡因存在于植物的种子或果实里，比如咖啡树或可乐果。也会分布在树叶上，比如各种各样的茶树。所以不管是什么样的无人荒地，能在附近找到含咖啡因植物的概率还是比较高。

- 不过棘手的问题在于，很多含有咖啡因的植物也会含有其他一些有毒化合物，比如可可碱，用量过大的话会产生毒性。而可乐果虽然果实里含有咖啡因，但其叶子却含有可卡因，这个大家都知道不是什么好东西。所以要获取咖啡因可能并不如想象中的那么顺利，没准还带有副作用（植物里含有的咖啡因本身是植物的天然杀虫剂，可以杀灭外来入侵的昆虫，所以其毒性是与生俱来的）。

- 当然，还有一种更高的可能性，就是植物中只有毒质，没有咖啡因。如果实在需要在早晨驱除困倦，可以在多种植物里都各取一小点叶子和果实，并远离那些会让自己产生幻觉或严重不适的植物。

- 代茶冬青生长于美国西南部，而且自古以来都被巧克陶族、切罗基族等本土原住民用来催吐（此植物的英文学名里就带有“呕吐”的词根）。不过，尽管其咖啡因含量很高，但制成温和的茶饮之后就没有催吐效果了。所以只需要将其蒸烤，然后泡水饮用即可。

- 找到含有咖啡因的植物之后，要从植物中提取咖啡因就相对简单了。可以直接咀嚼其叶子或果实，很多非洲地区就有这样的文化习惯，或者泡在热水里饮用也可以。如果味道不太好，也可以考虑放一些本地水果或浆果同其一起泡制饮用（不过同样需要确认这些果子是否无毒）。

从树木中提取阿司匹林

因为在森林里迷路真的会让你头疼得想吃药！

操作方法

1. 先得找到柳树。北半球生长的柳树有400种以上（还有柳条，算是柳树的窄叶灌木表亲），而且所有柳树的树汁里都含有一种名叫水杨苷的化合物。人体通过新陈代谢可以将水杨苷转化成水杨酸，而水杨酸就是阿司匹林中的活跃成分。如需制作缓解头疼的药物，则需要一块柳树树皮。什么种类的柳树都可以，不过白柳最好（是切罗基族人最喜欢用的），因为其树皮中水杨苷的含量相当高。

2. 用刀割出一块手掌大小的树皮。不用担心会对树造成伤害，这种大小的树皮不用半年时间就可以长回来。

3. 小心地将这块树皮撬下来，会发现一个呈淡粉色的内层。再将这一内层从树皮上削下来或者刮下来。可能会有些淡粉色物质依旧黏附在树上，把那些也刮下来。

4. 将这些刮下来的物质放到一起，倒入约500毫升的开水中。将混合物烹煮约20分钟后停火，待其冷却之后再泡制几分钟。

5. 最后的汤汁应该呈暗棕红色。将汤汁倒出，用布将固体物质过滤掉，服下。

那么这种自制阿司匹林的效果如何？对于小疼小痛还是非常管用的，不过也不能跟药房出售的阿司匹林相提并论。而且潜在的不良反应——包括胃炎或胃出血、恶心、便血——都比人工合成的阿司

匹林要来得明显。不过少量饮用是无大碍的，这种柳树汁要连续喝好几大杯才会出现致病反应。

树皮上瘾

- 如果服用了自制阿司匹林后感觉肚子不舒服也不用担心——可以咀嚼黄桦的树皮内层来缓解，这是密克马克族人用来治疗消化不良和胃痉挛的方法。实际上很多树的树皮都有药用价值。

- 本土印第安人对桦树树皮有很多应用。桦树树皮很薄，可以当纸用，但质地坚硬，是制作独木舟的良好原料。而且还有防水的特性，所以常用于制作水桶和水杯。

- 金鸡纳树，原产于秘鲁，其树皮是奎宁（金鸡纳碱）的主要来源，而奎宁中含有的抗菌物质既可以用于治疗疟疾，还能用于制作金汤力酒。在常见的美国茱萸中也有奎宁成分。

- 奥季布瓦族人用美洲落叶松树皮做成的茶来漱口，以治疗喉痛。

- 恺木树皮能产生一种酊剂，据说可以增强免疫力，治疗炎症。

- 非洲臀果木树皮中含有的植物甾醇有助于治疗前列腺疾病。
- 树皮中的木质部分可以让树液流通，并挡住细小的尘粒和水泡。这个特质使得树皮可以作为一种天然的滤水器。在实验室的测试中，用白松白木质做成的滤水器滤出了 99% 的细菌。

在荒野也要保持良好形象

是不是因为忙着奋力寻找食物和庇护所就忽略了对自己皮肤和形象的护理打扮了？以下教给大家在看到救援队出现而满心欢喜的同时，如何保持自己依旧干干净净光彩照人。

皮肤护理

不用说，野外是找不到什么倩碧润肤保湿精华液之类的东西的。为了保持皮肤外观怡人感觉舒爽，自己能做的也就是尽可能避免日晒——被阳光灼伤对皮肤伤害可不小。如果前方是沙漠，请自制一些“野外防晒霜”并在所有裸露皮肤上擦满。如果有水，就用水和一些泥土弄成泥巴也能防晒。在美国境内，大多数沙漠和沙漠盆地里的尘土均为碱性，有助于皮肤防晒，但同时也会像海绵一样将皮肤的水分吸出来。如果条件允许，请带上（或在附近找出）一些芦荟植物并将其叶子里的胶状物质擦到干燥的皮肤表面。在家里也可以使用金缕梅、凉粉草或繁缕作为保湿霜的纯天然替代品。

美丽微笑

即便觉得自己在1~2周内就能获救，那也不能忽视刷牙问题。只要几天不刷牙，牙齿上就会堆积一些斑块，乍一看就跟南瓜灯无二致。如果出发时没带电动牙刷和牙线，也没关系，用桦木做成的临时牙刷也能还你一个奇迹。精盐和小苏打可以在应急的时候当牙膏用，而如果说以上条件都不具备，那直接用指甲刮牙齿也是没有害处的（当然刮的前后都要把指甲洗净）。很多荒野求生类材料都提到，用营火烧过的木炭可以用来清洁牙齿。不过在这里友情提醒，那种东西的味道可能比健康食品店里那些奇怪的有机牙膏味道更恶心，所以还不如把木炭研磨成灰，涂在牙齿上，让其本身的腐蚀作用将那些烦人的黏质清理掉。另外还有个建议：每餐后都要用水漱口。

野外化妆

眼影膏。有一种说法称眼线笔是拿蝙蝠粪做出来的，不过请不要因为这句话就跺着脚去山洞里寻找，因为这是谣传，而且传得很广……蝙蝠粪会引起严重的细菌感染。而煤灰倒是可以当作眼影膏的替代品。古埃及人用的眼影粉，是由铅和其他一些原料做成的，不过这些原料在大自然里很难取得。

唇膏。在伊丽莎白一世女王的倡导下，唇膏开始在英格兰普及开来。而在16世纪，唇膏是由蜂蜡和碎野浆果制成的。至于蜂蜡，可以参考之前提到的方法，估计不太费力就可以迅速搞出一些来带走，但因此被叮一身包的话就划不来了。

腮红。那些没吃完的浆果拿来干燥后压碎，然后同一点干土混在一起就做成胭脂了。必要情况下，也可以使劲掐掐脸蛋让其保持粉红态小可爱。这个小技巧，那些“夜间服务女郎”们已经用了好几个世纪了，效果不错。

野外护发

毛发一多，就一定会招来跳蚤，而细菌和寄生虫就更不用说了，看看猫狗就能明白。如果说救援人员一时半会来不了，那么最好自己把头发剪短，齐肩长就可以。要保持梳头的习惯，尽量保持干净整洁，这不仅形象上更加美丽动人，自己感觉也会很舒服。如果随身没带什么植源草本精华之类的东西，可以动手做一些“野外洗发香波”。如果身处干旱地带或沙漠区，可以挖起一棵中等大小的丝兰植物，把上面的尘土摇掉，将其根部切成小碎块，然后研磨成浆状。待浆水颜色从白色变成淡淡的赭红色，就可以用了。

不能触碰的植物

之前已经教给大家一些可靠的方法辨别毒藤、毒橡树、毒漆树以及这些树种在漆树属的其他全部含漆酚致痒的同属，对吧？恭喜你习得新技能！以下再大概罗列一些其他的有毒性的植物，目的就是让你瞻前顾后，夜不能寐。

夹竹桃

这种装饰性的常绿植物在美国南部到处都有，而且在加利福尼亚州和德克萨斯州常种于高速路中间的隔离带中。夹竹桃能长到一棵小树的高度，6米左右。其叶子狭长，外形似刀刃，质地坚硬韧性强，周边围绕着五瓣的粉白花簇。夹竹桃的汁液能引起皮肤和眼睛发炎，如果食用夹竹桃叶还会引起恶心和血性腹泻。

荨麻

这类多年生、高度可达2米、有锯齿状阔叶且茎细长的植物，长期以来都作为动物饲料和传统药物原料使用。不过请千万不要在未戴手套的情况下进行采摘。其叶和茎都有针般的螫毛，内含组胺，会引起过敏性炎症和瘙痒。不过虽然不能触碰，但若用力紧握荨麻会让其螫毛倒伏，可能比轻触带来的损伤会更小一些。

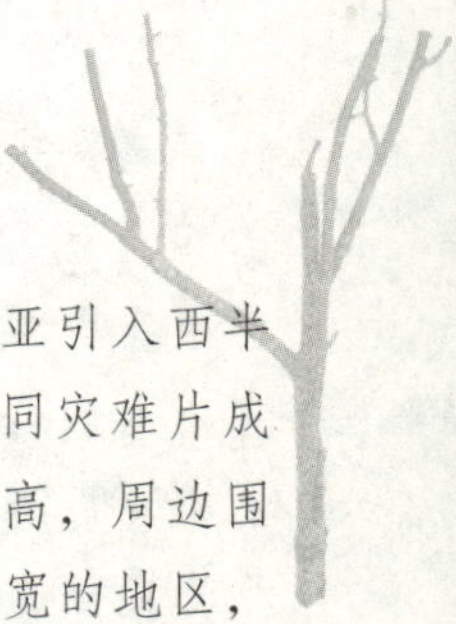

大型豚草

豚草一开始是作为装饰性植物从中亚引入西半球的，但其危害性和侵略性的表现却如同灾难片成真一般可怕。大型豚草可以长到5~6米高，周边围绕着亮绿色的阔叶簇，覆盖周边1~2米宽的地区，叶簇顶端开有伞状的小白花。其外形别称为“类固醇版安妮皇后的蕾丝”。此种植物的汁液是光毒性的——也就是说，汁液在光的作用下会产生毒性。接触之初可能只是简单的皮肤发红和瘙痒。而皮肤暴露在阳光或紫外线下的时间越长，其症状则越严重，在48小时内会出现毒性峰值，表现为巨大疼痛的水疱，然后形成紫黑色的疤痕。大豚草毒素会同皮肤组织细胞的DNA结合，从内部杀死细胞并释放过量黑色素——由此产生的伤疤和皮肤变色可能得好几年才能复原。这还没完，更可怕的是，即便是极少量的豚草汁液溅入眼中也会造成永久失明。大型豚草已经蔓延到了整个欧洲和不列颠群岛，不过目前为止在北美洲只有部分地区出现，而这些地区也在不遗余力地消灭豚草。

乌头

乌头生长于山地草原上，可通过其高茎头盔状的花进行辨别。请千万注意，乌头的生物碱神经毒素很容易通过皮肤吸收，所以即便是不小心触碰了一下也有致命危险。一开始只是接触位置有刺痛麻木感，然后麻木感逐渐由手臂延伸到肩部。几个小时内毒素会造成心脏和肺部麻痹，引起窒息致死。

躲避闪电袭击

每年因闪电电击致死的人数约为2000人，而被闪电击伤导致身虚体弱的人就更多了。与此同时，基本上没听说哪个人因为被闪电击中而突然获得什么超能力，所以遇到闪电的最佳策略就是躲开。

闪电的舞动

- 由于气候模式独特，在北极点和南极点极少出现闪电，在远海地区也是如此。所以如果对闪电的畏惧到了极点，以上几个地方可以考虑定居。不然的话，在一个闪电风暴天气下最安全的地方之一，就是车里了。由于汽车外壳由金属制成，整个车身就像一个法拉第笼，电流经过车体外壳就直接进入地面了，不会传到人体身上。但从另一方面来说，如果闪电风暴演变成了一场龙卷风，那么待在汽车里却是最危险的。

- 现代的房屋或建筑物很大部分都是电力接地，

因此相对还是非常安全，不过仍旧有几点注意事项。不要在闪电天气洗澡，因为电荷有可能通过金属管道传导到水里。如果穿越回到 1999 年还在使用有线的固定电话，最好闪电时也不要用，因为电荷也可以通过电话线传导。

- 那么若在户外突遇闪电从天而降，应该怎么办？当然这个情况要比之前说的危险得多，但仍然有一些办法可以保证自己的安全。

如果户外遇风暴

- 不要站在大树下、输电线下或者其他大型物体下。虽然树枝树叶可以挡雨，但较高的物体更容易吸引闪电。

- 如果身处开阔地带，请立即蹲到地上，用前脚掌踮地，两脚后跟并拢。千万不要趴在地面上——闪电电击的电荷有可能会在地面游走。通过两脚后跟并拢，使得电荷在通过一只脚进入身体之后可能通过另一只脚再返回地面，这样总比让电荷流遍全身让所有内脏来个深度煎炸要好得多吧。

- 如果你发现头发开始直竖，或皮肤表面有刺痛感，就要引起注意了。这些都预示着一场雷击即将发生。这有点像自己获得了蜘蛛感应（电影《蜘蛛侠》中感知周围危险的能力），如果真有的话确实很赞，但如果说这意味着自己即将遭受雷击，你还能高兴得起来吗？赶快就地蹲下！

- 电击伤通常会引起心脏停搏，所以需要立刻做心肺复苏。有些人遭遇电击后仍旧有意识，完全没注意到自己遭到了电击，但由于电荷会影响中枢神经系统，因此一定要留意那些觉得自己头晕眼花、头疼恶心，或者逐渐犯迷糊的人。让他平躺下来不要乱动，等待救援人员抵达。

如何制作缠腰布

在野外待了1~5年之后，身上的衣服大概都破烂不堪了。那么在身体私处即将暴露给大自然之前，还是给自己做一块缠腰布吧。

所需物料

- 河狸或海狸一只
- 剥皮工具
- 小刀
- 细树枝
- 麻线
- 火

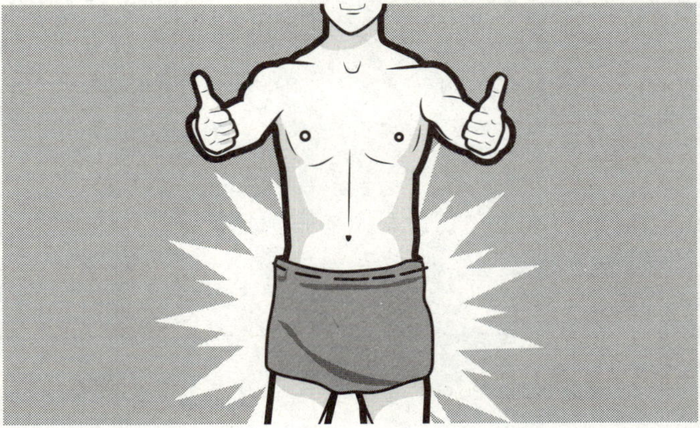

操作方法

1. 首先需要猎杀一只动物，该动物的毛皮要足以覆盖住自己需要盖住的部位。不是说你胖，但像松鼠之类是真的不够用；最好还是找体型大一些的绒毛哺乳动物，比如河狸或者海狸。

2. 猎杀后将其剥皮，剩下的部分可当作食物或者制作其他工具等（参考第218页）。接下来需要将毛皮清理干净。清理的方式很多，如果附近有鱼较多的湖或者溪，可以把毛皮放入水中让小鱼们将残存的组织和肥肉啃完。放置一晚，不过不要让其漂离岸边。如果赶时间，也可以用小刀或者其他物品的锋利边缘进行清理。

3. 接下来需要一个木环来加速毛皮干燥。用一根细且易弯的树枝做个环，将毛皮用木环撑开，并在环内部用麻线将其绑紧（没有麻线的话也可以用干燥好的动物皮撕成长条，或者从纤维性的植物中获取）。把毛皮绷紧一些，就像鼓面一样。

4. 将毛皮放在火堆附近，烤干。所有残留的组织或其他黏稠物质都需要清理掉。毛皮的触感要非常光滑。至于要光滑到什么程度，可以直接贴附到敏感部位实测，如果触感觉得可以接受，就可以将毛皮变成缠腰布用了。

5. 将其缠绕在胯部，适当调整，感觉舒服即可。调整合适之后，将两端用麻线穿到一起，系紧。

6. 可以在附近跳几下，或（并）小跑一圈，这样保证缠腰布不会突然掉下来造成气氛很尴尬（比方说自己正在同一头嗜血美洲狮殊死搏斗之时突然……）。

7. 这东西在扮演人猿泰山的时候穿着就相当完美了（参考第64页）。

自制防水火柴

每个人都能用两根棍子生出火来——只要其中之一是火柴棍。但如果火柴被浸湿，那么生火这种事难度就大了。不过好在给火柴做防水处理倒是很容易。原理很简单：在火柴顶部和棍子的一部分涂上一层可以防水的物质，而此种物质不会在火柴点着之后抑制火焰。可以达到这个目的的材料很多，而每一种所需的制作技术都稍有不同。

所需物料

- 蜂蜡或石蜡
- 双层蒸锅
- 麻线
- 食物夹
- 烤架
- 报纸
- 透明指甲油
- 松脂
- 玻璃瓶

上蜡法

虽说熔蜡这个工序也可以简单粗暴地将其直接点燃慢慢滴，但更安全的做法是将蜡——不管是蜂蜡还是石蜡——在双层蒸锅里面熔化，这个锅以后最好也不要再拿来盛放食物。用麻线将火柴棍扎成一捆，用食物夹把火柴捆顶部在熔化的蜡烛里沾一下，大概要沾到火柴棍长度的三分之一处。然后将火柴捆打开，将每一根火柴放到烤架上冷却，下面放一张报纸来接蜡滴。最后将火柴存放在防水容器中。

指甲油法

用透明指甲油在每根火柴上轻轻涂一层，大概涂到火柴长度的三分之一处——整个火柴头以及其下 2~3 厘米处。然后放到烤架上晾干，存放在防水容器中。

松脂法

蜡和指甲油是最常用的火柴防水物质，但用松脂的话则会更好一些。松脂既可以除湿，甚至还可以用来让受潮的火柴再次燃烧起来。将一大勺松脂舀出来盛放到玻璃瓶或瓷盘上——塑料的不行，会被烧穿。先将火柴头浸入，泡5分钟左右。然后放在报纸上晾半小时。跟其他做防水的办法不同的是，其他方法做完之后可以无限期存放备用。松脂法做完防水的火柴需要每隔几个月拿出来重新做一次防水。

还有几个小技巧

即便是不想劳心费神给火柴做防水处理，但只要你认为野外生存并不是儿戏可以一笑置之的话，至少还是需要确保装火柴的容器能防水。野营用品商店里有售卖防水的螺纹盖塑料容器，但只要不是必须乘筏走水路，或者其他可能出现整个人落水的情况，那种35毫米直径的存放胶卷的塑料小罐就足够了。

另外，别忘了放一个摩擦纸在火柴里。一小片细砂砂纸或指甲砂锉就很好，这样可能比原配的火柴盒要更加方便携带。

舍弃一肢来保命

在外攀岩或者在崖边徒步时，有可能一不小心一脚没踩稳，哎哟——一只手臂或一条腿就这样被两块又重又大的石头夹住了。如果说当时的情况无法发送无线信号求救，或者担心野兽袭击，又或者觉得这样下去不是饿死就是晒死，那么有些事就不能不做了：为了活命，舍弃那一肢。

所需物料

- 一块单手能操作的重石头
- 随身小折刀
- 钳子（如果有的话）
- 腰带或围巾，拿来当止血带用
- 裹布
- 实在的勇气
- 能喝的勇气，比如一瓶威士忌酒（如果还有的话）

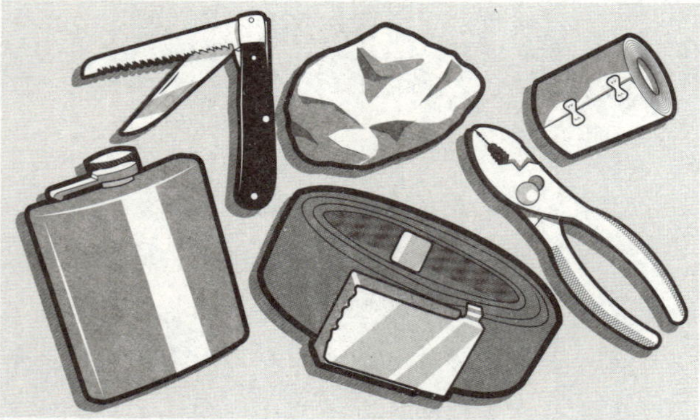

操作方法

1. 如果事故发生在岩石地区，在你单手够得到的范围极有可能找到松动的小石头。找一块单手能拿得住的石头（如果被卡住的是手臂）或者两块（如果被卡住的是腿）。

2. 用石头猛击困肢的骨头部位将其完全打断，无法打断的话就尽力而为吧。这样能让困肢松动，更方便处理。

3. 在困肢上选择一个自己觉得可以切断的位置——必要的位置即可，不要太多。在断点之上 7~8 厘米的地方绑上止血带——用腰带或围巾或者另找一块布都可以。要系紧——这样能防止在切到动脉时不至于失血过多而死。

4. 用你的小折刀锯断皮肤和肌肉。尽量不要切到主动脉，或者最后再切，这样不至于失血太多。

5. 用小折刀锯筋腱会特别麻烦。如果你有钳子就用钳子夹断。

6. 现在再切断动脉。

7. 尽管以上的这些动作都会带来难以忍受的剧痛，但接下来的才真的恐怖：用小折刀切断困肢的神经。

8. 将剩下的还连着的软骨或骨头全部切断。

9. 解开止血带，用其他还没被血浸湿的布将残肢包裹起来。

10. 现在你脱困了，请第一时间寻求专业医疗的救助。

如何假装患上斯德哥尔摩综合征

求生并不只是啃树皮或嚼虫子。有的时候是深度恐惧的心理游戏——牌打对了才能安全无患。

被困一处

- 人质挟持事件其实对所有人来说都是一种心理高度紧张的境况，对挟持者及人质都一样。理论上好像挟持者会更占据主动权，但从过往人质事件的实际情况来看，由于所有人都被困陷于有限的空间之内，在如此高压的一种氛围中——不用太久，人与人之间的心理连接就开始发生了。

- 这些连接——心理学家称其为“人质情结”——有很多种外显形式。在1973年发生的一个事件首次出现了这种心理现象，后来被命名为“斯德哥尔摩综合征”：一次拙劣的银行抢劫失败后，银行的工作人员被挟持为人质，而人质对谈判人员说他们在挟持者身边很安全，他们还向警察以及法官恳求赦免这些歹徒（实际上后来并未赦免）。报业大王的孙女派蒂·赫斯特，在1974年被美国的一个组织绑架，之后却转向拥护该组织的理念，甚至帮助该组织进行之后的其他犯罪活动。此外，这种纽带情结也可以双向作用：1996年，位于秘鲁的日本大使官邸被一群叛乱武装分子占领，而叛乱者貌似出现了一种反向斯德哥尔摩综合征，基于人道主义理由释放了大部分的人质。

- 这里请不要误解：斯德哥尔摩综合征是一种病态的心理状况，患上此征可能并不会对以后的心理健康有任何帮助。不过，我们现在这本书的目的在于生存——在沦为人质的情况下，同挟持者产生一种情感连接或许有助于提升存活概率。

操作方法

1. **倾听**。在产生共情连接之前，你必须让别人知道自己是有可能同其共情的（或者至少要假装出那个样子）。鼓励挟持者向你敞开心扉。不要刻意去打探或提要求：说话尽量用一些中性的语句。在挟持者向你解释他的理念想法或者这次事件如何让你沦为人质的过程时，一定要压抑住自己去跟他争执或试图劝说对方的欲望。不要预断，用心倾听。可以像这样说话：

“我只是想知道你做这件事的原因。”

“人民证实军是吗？我还挺好奇。”

2. **同情**。不管挟持者是因为过于绝望进行犯罪或是拥护某一偏激的意识形态，都很有可能是他觉得别人都不理解他。他压力巨大，随时有过激举动，还有可能听不进去劝言。所以对他应该表现出一些理解。倒是不用赞同他的理念或者行为，只需要在人性的层面上对其表现出同情心即可。比较有用的话语如下：

“还得慢慢等着人质谈判专家来电，这个过程确实感觉挺挫败的。别担心，相信他们很快会跟我们联络的。”

“人民证实军的旗杆看着挺沉的，你的胳膊酸不？”

3. **反馈**。到这个阶段，你可能需要克服一些道德底线的束缚了。现在的目标在于把你看待挟持者的角度转换成挟持者自己看待自己的角度——也就是说，你得支持他对于自己和自己行为的信念。首先对其表示理解，让他知道没有人想害他。仔细回想一下你从挟持者的理念和其过去的犯罪行为所整理出来的信息，想办法用别的语言再重新组织一下讲给他听，并将其塑造成英雄角色或受害者的角色，将这样的场景反馈给他。你不用对他太恭敬——只是承认他说得有道理。

警告：这一步最终的结果，要么你被对方招募成为其一员，要么对方要求你帮助他完成本次任务，比如逃跑的时候驾车之类的。这时跟随自己的良知指引去做就行。以下话语比较有用：

> “我真的想象不到，他们竟然因为那个事就给你判刑了。法官肯定对你有偏见。”
>
> “某一天等人民证实军解放了中产阶级的人民，那个时候我们再回顾今天的事，我们也能一笑置之了。”

4. 这一个流程下来，你就能够学会将挟持者视为一个恶劣情况下的普通人，而不是某些心肠恶毒的暴徒，或者思想偏激的狂热分子。如果运气够好，他对你的认识也会由此转变。

这些动物不能吃

被困野外的时候，不管是在孤岛还是北极圈，第一要务应该是捕杀猎物来食用。经过一番搏杀，祝贺你成功地猎到了一只动物，不错！不过在进行烹调并对香肉大快朵颐之前，请再次确认眼前这只动物吃了到底会不会丧命。

热带鱼

热带地区温暖的水域中生活着许多种自带剧毒的鱼类。很多鱼具有像鹦鹉般的鱼嘴，其皮肤可以围绕脊椎进行膨胀，比如知名的河豚。河豚的血和肝都有剧毒，即便只吃20~30克都会有生命危险。还有部分种类的水母及章鱼食用后也会致命。有毒鱼类庞大的数量还影响到了食物链的上游，像是梭鱼和鲷鱼之类的肉食鱼类，自己本身并无致命毒性，但如果一整天都以其他有毒性鱼类为食，那就会变成致命的毒鱼。

鸭嘴兽

鸭嘴兽属于温血动物，表皮有毛，却也像爬行动物那样下蛋，也有毒性。鸭嘴兽的后肢长有一堆毒刺，用以自卫。尽管其毒性并不算太强，无法让一个成年人致死，但也会让你难受得厉害。

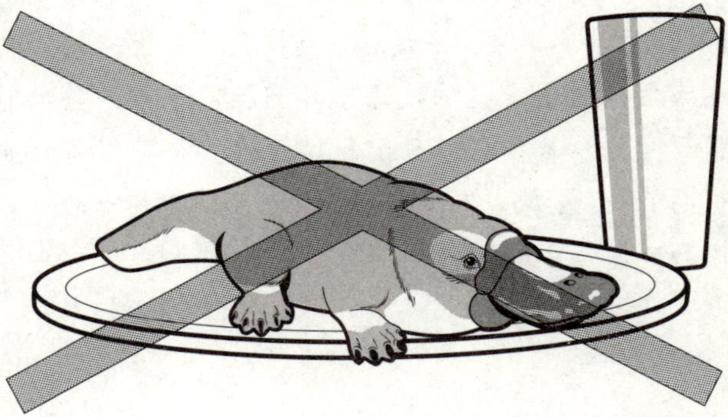

梭鱼

梭鱼个性凶狠，很难捕捉，个头能长到1.5米。虽然个头大意味着肉也多，但不可能在汉堡店买得到梭鱼汉堡，原因是：梭鱼体内含有一种危险的毒素，名为雪卡毒素。误食之后会产生幻觉，眩晕，以及肌肉疼痛，持续时间从几周到数年不等。

野生龟

部分龟类确实是可以吃的——比方说，乌龟汤就是一道历史悠久的美味——但另一部分就不是了，比如那些生活在沼泽地区以毒蘑菇为食的龟类。当然了，这些毒蘑菇的毒素对龟本身倒产生不了什么影响，但是毒素会停留在龟的体内。随着龟年龄的增大，其肉中留有大量有毒菌类残渣的可能性就越大，而且这些毒素无法通过任何烹饪方式汲出。另外，在大西洋中很常见的玳瑁，其胸腺部分对人类绝对是致毒的。整体来说，爬行动物确实是补充蛋白质极好的来源，但一定要避开那些背上有甲的动物——比如龟类。

各种情况的正确跳落方式

可能是自己跌倒了，可能是别人推你了，也可能是自己慌不择路的结果。无论如何，你已经跳出去了，人在半空中往下掉，只有重力相伴，且即将同地面进行亲密接触。这样的情况下如何能存活下来？

从飞机跳出

如果是从飞机跳出来，那么有利条件是时间比较充足，可以充分筹划如何落地：约 4000 米的高空自由落体到地面大概需要 3 分钟左右。

1. 如果可能的话，在跳出去之前拿一块残骸碎片之类的东西，比如坐垫或者机身的一块碎片之类的，用以增加阻力。
2. 首先将手脚展开，通过增加自己的表面积来减缓下降速度。
3. 如果你看到下方的地面上覆盖物有多种，就瞄着那种可压缩的地面去，这样在你落地时能吸收一部分撞击力。最理想的是雪地、沼泽地或干草堆（这个时候有降落伞当然最好）。

从高处边缘跌落

从高层建筑物跳下——假定建筑物失火，而在1929年的股市崩盘中自己还没破产不至于跳楼自杀——留给自己增加阻力的时间就少很多了。

1. 增加缓冲的机会是在降落途中主动撞击其他物体来分散撞击力度，破坏垂直落体。比如窗沿、旗杆或者栏杆之类的。尽管撞着很疼，但能救命。

2. 可以砸穿的东西也行，比如雨蓬或者天窗之类的，也能降低你的下降速度。

3. 依旧瞄着可压缩的地面：比如一堆纸箱，或者装满垃圾的废物箱。

4. 尽量用双脚着地，膝盖稍微弯曲，双手护住头部。

5. 接着，用身体侧部迎接撞击来分散着陆时的震力，着地顺序依次是脚、小腿、大腿、臀部和背部。跳伞运动员们将其称为“五点着陆法”（他们都是有降落伞的，所以只要有可能就一定要抓一个再跳）。

高空入水

从极高位置跳入水中，即便对于专业游泳运动员来说都是有风险的。人体入水时水会排开但不会压缩，所以对于力量的缓冲起不到什么作用。如果从 1 米的跳台以肚子着水的姿势落水，都会疼得你死去活来；如果是 30 米，那么掉入水里跟掉到水泥地上也没什么两样。

1. 如果在逃离时不得不从崖边跳海，那么在入水时就尽量减少同水面的接触面积，入水的姿势要脚向下呈竖直状态，就像一把刀插入水里；

2. 呈现出站立姿势，膝关节挺直，脚趾朝下；

3. 收紧下巴，手指交叉放置在头上，肘部夹紧身体两侧；

4. 深深地吸一口气，氧气量要足以在水下坚持1分钟——1分钟足够浮回水面了。高速入水有可能会沉到水下6米左右的位置。保持头部朝上，用双臂划水把自己往水面推，直到头部出水。

* * *

遭遇暴徒袭击如何逃离

- 起身站立，跟着人群移动。即便是1秒钟的停留都有可能让你重心不稳失足跌倒。
- 如果人群停下来了，就深吸一口气，将肩部、上臂和胸部收紧，两臂紧贴腹部，让自己越结实越好。
- 保持安静。这样自己不会引人注目，以免引来胡椒喷雾、子弹或者乱七八糟的拳头。

一个真实而奇特的生存故事：胡安娜·玛利亚

孤岛女孩

胡安娜·玛利亚，1811 年出生于加利福尼亚州海岸外圣尼古拉斯岛上一个叫作尼可雷诺的部族里。平静的小岛上后来发生惨剧，一群水獭猎人在 1835 年将部落的人们屠杀殆尽，只有几个人侥幸存活下来。后来从圣塔芭芭拉来的几个传教士将他们救了出来。

这几个获救的人之中，并没有玛利亚。由于当时强风暴迫近，传教士们决定立即返回美洲大陆上，而却把玛利亚落下了。那个时候，传教士们势单力薄，而加州海岸边来往的船只又很少，各种复杂的事件使得再次营救的计划一拖再拖，最终搁浅。

尽管如此，玛利亚也成功地躲过了猎人的袭击，并在接下来的日子里继续在岛上顽强生活着。日复一日，月复一月，年复一年。她以惊人的毅力度过了 18 年，然后一位叫作乔治·尼德瓦的皮毛猎人发现了她。

丛林里的乔治

自从乔治听说了玛利亚可能还在岛上活着，他就在1850年启动了第一次营救行动；但这次行动和之后的第二次行动都失败了。在1853年的第三次行动中，乔治·尼德瓦搜救小组的一位成员在海滩上发现了脚印，以及一块放置在太阳下干燥的海豹皮脂。借此线索他们继续搜寻，最终发现玛利亚住在由鲸鱼骨搭建成的小棚屋里，她正穿着由鸟羽毛和水獭肌肉组织编织起来的裙子。

到玛利亚获救时，美洲大陆上之前已获救的尼可雷诺族人已经因各种缘由过世了，玛利亚就成了该部落的唯一幸存者。乔治将玛利亚送回了圣塔芭芭拉，而玛利亚却在抵达之后仅七周就过世了，因为她的体质无法承受外来病菌的入侵，也无法适应新的饮食结构。在玛利亚死前，一名牧师为她完成了洗礼仪式，并赠名“胡安娜·玛利亚”。而玛利亚之前在部落里的原名，很可惜一直无法查到。

在森林里也能大醉一场

在森林里被困陷到绝望不仅非常危险，而且还非常的无聊。当跟松鼠们的辩论开始不停地兜圈子，而且连跟饥肠辘辘的熊赛跑都没办法提供一点点刺激感的话，那这个时候就该来一场酩酊大醉了。但你要问，哪来的酒呢？以下是我们自制的“森林酒”的制作配方。

所需物料

- 2~3 公斤的黑莓，或其他的可食用野生浆果
- 6~7 升水
- 碗一个
- 可密封容器一个，比如带盖子的桶
- 管子一根
- 小刀一把
- 酒制作好之后可以用来过滤的物体，比如一双袜子

操作方法

1. 采集浆果并洗净，待其风干。之后放入碗中，静置 3~4 天。

2. 等待风干的时间里，你可以将可密封容器洗干净，以防止细菌增生，不然会影响酒的发酵过程。

3. 将浆果上堆积的苔藓清理干净，然后将浆果碾碎。将浆果碎和果汁全部倒入容器中，并加水。

4. 在容器盖上钻个洞，大小同管子直径一致，将盖子盖上并插上管子。这样在容器内产生的二氧化碳就可以散发出去（同时防止酒桶炸开）。

5. 将容器放置在较暖和的地方（但不能阳光直射，温度太高），然后等待。这个过程需要持续 1 周到 1 个月不等，取决于具体的条件状况。

6. 时间差不多的时候，将浆果取出，对酒进行过滤。如果是用袜子过滤，那么用之前一定要洗干净。没有什么比正恣意享受美酒的时候突然发现一只脚指甲盖漂在上面更恶心的事了。

7. 接下来就该尝尝这酒了。当然，不要期待这个酒能有法国最优质酒厂出产的黑皮诺那种酒香或者均衡感什么的。自己做出来的森林酒很可能味道比较难喝，味道比较像那种一堆霉烂的果子在桶里面捂了好几个礼拜之后又用臭袜子滤了一遍的味道。不过没关系，这酒已经足够让你微醺了，没准还能烂醉。

8. 慢慢嘬着喝。如果这个配方效果真的很奏效，那么其酒精含量应该是相当高的。已经有记录显示像鸟类和其他小动物都会积极主动地去食用过量发酵的果子导致酒精中毒而死……而它们吃的东西跟你现在喝的基本上没什么区别（所以你还得提防有鸟类或其他小动物过来偷酒喝）。

让飞机紧急迫降

我的天，你乘坐的飞机驾驶员因故晕过去了，而副驾驶则自己跳伞跑了。能有机会将这架冲向死亡的庞然大物重新带回安全方向的，只有你了！

以下教你怎么做，让飞机在陆上迫降及海上迫降。

陆面平地

1. 将飞机恢复水平状态。这个过程可以用外界环境作为参照，如果看不清外面，飞机的姿态指示仪会显示出飞机同地面的角度关系。这个仪器倒不会测量你本人的姿态，在这样一个离地面 6 千米高空的故障飞机上，脑子都快一片空白了还在意什么姿态。

2. 打开无线电台，让地面管控人员了解情况，并派出紧急救援人员到跑道待命，因为非专业人员的迫降肯定不会十全十美。而这会是（我们也希望是）你这辈子唯一一次机会喊出“求救”（mayday，飞机或船只遇险时的求救口令），所以还是尽情享受这个感觉吧。记得喊的时候要用英国腔。

3. 一旦同地面控制人员取得联系之后，他们会指导你前往最近的跑道。此时将风门拉回以减弱发动机动力，并打开飞机襟翼以降低飞行速度。

4. 排出燃料。这样飞机在降落的时候就能尽量接近其正常重量。

5. 放下起落架。是否还记得以前老爸总是骂你说，浪费这么多时间玩那个什么微软模拟飞行游戏有什么出息，现在的境况看来，你可以得意地当面说他错了。

6. 小心地让飞机靠近地面。将机头微微抬起，这样能让后轮先触地，而一旦所有轮子都触地之后，就立即用力推刹车。如果一直操作到这一步都没有吓尿，劝你还是辞掉你原先无聊的办公室工作去找点刺激的活干吧。

7. 尽管不是正式的机长，但也请在离机之前确保所有的乘客和机组人员的安全。

8. 享受一举成名的感觉吧！接下来好好练习一下

垒球的抛球动作，因为你绝对会受邀在全明星垒球赛中进行开赛第一抛。

水面

1. 通过无线电台联系地面控制人员，让他们知道你没办法在机场降落。就跟参加晚宴会一样，不跟主人打招呼就自己提前抵达是非常失礼的。他们会派出海岸警卫队救援直升机到你坠机入水的地点搜救（这个也叫作“水上迫降”）。

2. 关闭所有的气孔和气阀，以及其他所有飞机上处于打开状态的门窗等。飞机本身是可以漂浮在水面上的，但如果飞机进水流入各个隔间，则必然下沉。而在将乘客从坠落损毁的飞机上疏散时，要到最后一步才能打开各门窗。

3. 通知所有乘客穿上救生衣，并在飞机入水前找到漂浮救生筏。不然的话，如果乘客如同几百公里路下来没上过厕所一样蜂拥跳水的话，迎接他们的将是一大堆没吃饭的鲨鱼了。

4. 减弱发动机动力，慢慢进行下降。确保机翼处于水平状态；如果机翼被强浪击中，会让飞机开始旋转。

5. 尽快让乘客和机组人员离开飞机。即便是出现奇迹，飞机在降落后一点损伤都没有，海水还是会通过飞机的舱门涌入舱内，最终导致飞机沉没。

6. 享受一举成名的感觉吧！接下来好好练习一下垒球的抛球动作，因为你绝对会受邀在全明星垒球赛中进行开赛第一抛。

* * *

如果吃东西噎住时身边没有其他人

如果有食物哽在喉咙里，周围又没人能帮助自己实施海姆立克急救法，怎么办？其实也可以自己来。找一个固定的物体（比如椅背），将其抵住肚脐正上方的位置使劲用力推挤。这样做会给横膈膜施压，并让空气从肺中排出，将哽住的东西推出来。

截停失控的火车

几乎所有的现代火车都安装有空气制动装置以防止火车失控，而所有汽车都用刹车线进行制动。紧急情况下，操作员通过按动开关来触发制动系统，让火车停下来。但如果操作员失去意识，你要怎么做呢？

操作方法

1. 多数火车在每列车厢都安装有紧急制动装置，一般安装在带明显标志的红色盒子里，外形通常为把手状。首先让自己对急刹车有点心理准备，再使劲拉动把手就可以了。如果制动失败，可以再去试试另一个车厢的制动把手，接着再去另一个车厢，继续下去，一路走到发动机室，也就是驾驶舱。

2. 让其他乘客拨打电话报警，告知有关部门出现了紧急状况，他们会联络当地警方和紧急救援人员在下一个铁路道口关闭闸门以防其他车辆

（或动物，比如倔脾气的牛）卡在铁路轨道上。

3. 如果拉动了所有车厢的紧急制动之后火车还是停不下来，那么马上进入发动机室，应该可以找到一个明显标志“切断开关”或者“紧急制动”，以激活空气制动。如果没有，那就去找一个外观像活塞状的红色旋钮或按钮。如果多次按下按钮依旧无用，那么请继续尝试下一个方法。

4. 也有可能按钮没按对。要另找一个可能触发制动的装置。如果火车依旧在行驶，那么可以基本肯定制动系统已失灵。现在去找找风门控制阀，通常是由八道刻度标出的。第八刻度为最高速度，第一刻度为最低速度。将此阀慢慢一刻度一刻度地往低速调，最后调到第一刻度，火车减速后自己用来想办法的时间就能相对充裕一些，并能防止火车遇到急弯时脱轨。

5. 找一个乘客跟自己一起进入发动机室，让他盯着前方轨道的情况，如果发现有汽车、动物或流浪乞讨人员无意间进入铁轨区域，就赶紧鸣笛示警。

6. 有人在发动机室帮忙的情况下，自己就可以抽

出空来去把每一个车厢的紧急制动都启动。基本上都是红色的把手或旋钮。你得以最快速度从发动机室一路走到最后部的车厢并返回，触发每一个车厢的制动装置，直到火车最后完全停下来。

7. 如果万一没有一个制动装置能发挥作用（当然这个概率实在太小），就把所有人员都疏散到最末尾的车厢去。如果火车速度足够低，建议让所有人在适当的时机跳车更为安全。在所有制动失灵的情况下，火车脱轨或直接撞车的悲剧几乎就无法避免了。

8. 既然已经确认被困在失控的火车上，那么请将所有人集合到列车中部靠后一两节的车厢中，但愿每个人都能有座位坐下以平安度过此劫。专家称这个位置的车厢在火车遇到事故时是最安全的（最不安全的地点，就是餐车了。都这个时候了就不要挂念着还去餐车喝杯咖啡提提神之类的，赶紧动起来吧）。

9. 尽量找个靠过道的座位，面朝车尾。救援人员可能会采取各种不同的办法（具体办法此处略过）在火车脱轨或撞车之前截停火车。如果没成功，那么请随时做好冲击准备。身体往前倾，双手放在头顶，然后向自己所相信的神灵祈祷保佑吧。

真实而奇特的生存故事：朱利安·科普克

一次悲惨的旅行

1971 年 12 月，17 岁的朱利安·科普克同母亲一起登上秘鲁国航 508 号航班，从秘鲁首都利马前往秘鲁的另一城市普卡尔帕去找朱利安的父亲（一位动物学家），一家人一起过圣诞节。而航班因恶劣天气延误了 7 个小时以上……而从后面发生的事件来看，这次航班根本就不应该起飞。

起飞 10 分钟以后，飞机遇到了强烈气流。不久之后飞机被闪电击中，从 3 千米的高空垂直坠向地面，坠落过程中飞机解体成数节。

而当时科普克还困在座位上，跟着飞机残骸翻滚着跌到雨林的地面上。而她却奇迹般地存活了下来，只是锁骨骨折，左眼肿胀，手臂和腿部有一些划伤。而其他的所有人，包括她的母亲，都在撞击时遇难了。

找路回家

现在，科普克自己不仅身陷离城市数十公里以外的雨林中，而且眼镜也找不到了。不仅如此，鞋也丢了一只，身上穿的还是无袖的超短连衣裙。她也顾不得身上的伤，顾不得眼前一片模糊，顾不得不适合此环境的着装，只能充分利用父亲教给自己的求生知识去寻找食物和补给。她从飞机上只找到了几块糖果，然后沿着一条小河向下游走去，这一走就是9天。

到了晚上，极度的寒冷使得科普克无法入睡，而且越来越多的昆虫在叮咬她，而雪上加霜的是，

坠机造成的伤口上开始出现大量的蛆。到了第10天，科普克找到一个老旧的废弃小船，船上装了发动机，还有一罐汽油。这个时候她想起来以前父亲教过她的一个小技能，就将汽油倒入开放伤口上以驱逐蛆虫。随着蛆虫一只只逃离，科普克也在一只只地数着。最后的总数很吓人：整整35只。

科普克并不想偷走这条船，也不想去冒险探索未知的水域，于是就在附近一个小棚屋里等待屋主出现。几个小时之后，几个秘鲁伐木工人来了。他们在屋里发现一个德国青年女孩都吃了一惊，第一感觉认为科普克是当地传说中的半人半海豚的河流女神（他们真的是这么想的）。而当科普克向他们解释了事情的经过之后——用西班牙语说的——伐木工人们立刻帮她清理了一下伤口，将她带上船沿着河流往下游驶了约10公里，抵达一个工厂。然后一位当地飞行员第一时间用飞机将她送到了普卡尔帕的医院。

如何安抚野生驼鹿

驼鹿这种大个头的动物，看着很懒散，但性情绝不温柔。如果在野外遇到一头心情很不爽的驼鹿，请按照以下方法去应对。

- 一只完全成年的“强壮雄性”驼鹿体重能达到450公斤，2米左右的身高加上头上一对巨大的鹿角，这可是一只在情绪不稳定时能够且一定会搞出巨大破坏的生物。那么，如果不想被卷入一场同驼鹿的硬抗较量之中，第一步应该怎么做？完完全全躲开它们。如果在野外看到一头驼鹿，就赶紧换个方向走，保持安全距离。

- 在北美，驼鹿每年袭击人的次数比其他任何动物都要多。而从全世界范围来看，只有野生河马比驼鹿的伤害性更大一些。但实际上驼鹿不会主动对人类产生敌意，而一旦它们感受到威胁，受到了惊吓，或者觉得你同其幼崽的距离太近，就会发动攻击。

- 春末夏初时节，在驼鹿出没的地域行走时一定要万分小心，这个季节驼鹿妈妈会经常带着幼崽在外面转悠，一定要躲得远远的。而在秋天交配季，雄性驼鹿的攻击欲望最强。这个时候它们身体里面充满了性激素，而且不少驼鹿由于发情程度较重，会连续一个月不进食。

- 大多数驼鹿在心情不好或者处于攻击预备状态时都会有一些明显姿势。它们会把耳朵往后耷，眼睛直盯着你看，头部放低，以便可以用角进行撞击。嘴里还可能发出呼噜声，不停地踏脚并用蹄子刨地，然后头部开始前后摇晃。一旦看到驼鹿出现这些动作，赶紧转身逃跑。看到你跑开了，它们就明白通过这些动作想让你了解的信息已经传达到位——多数驼鹿不会费神起身追赶。

- 而如果在交配季节遇到雄性驼鹿，那么被追赶的可能性就大大增加了。由于这种生物的奔跑速度远远超过普通人类，所以跟它赛跑没有任何实际意义。一旦追逐赛开始，一定要尽可能在自己和驼鹿中间增加障碍物。你可以迅速躲到树或者大岩石背后。有可能的话，爬树也是很好的方法。慢慢等驼鹿自己离开，观察它离开的方向，然后你再下来朝着相反的方向逃离。

- 如果驼鹿真的将自己撞倒在地，一定要立即用手和手臂保护头部。千万不要还手，这样只会刺激驼鹿继续攻击。把自己蜷曲成球状，等它停止攻击并走出一段安全距离之后，你再跑。不过注意跑的时候别太快，否则会刺激它再回来跟你打第二回合。

非常规武器的制作

如果自己对弓箭的熟练度足以撑过《饥饿游戏》的话，可以再试试那些不太常规的野外武器。

牧羊人的投石带

这是人类历史上最古老的武器之一了。人类学家们认为，此武器首次发明是在旧石器时代的某个时间段，大概在公元前 50000 年至公元前 12000 年之间。

1. 如需自制投石带，首先需要有一根用植物纤维做的长绳，长度大概跟手臂差不多。

2. 绳子准备好之后，在绳子一端系一个圈（另一端叫作拉环）。

3. 接下来，需要在绳子上装一个袋囊，大小要能包住一块石头。袋囊可以用剩下的随便什么纤维来做，但最好是用干动物皮，最合适也最耐用。

4. 将袋囊安装到绳子中央位置。

5. 放一块石头到袋囊里，用手的拇指和食指抓住一端的圈，用其他手指扣住另一端的拉环。

6. 将投石带举过头顶，进行快速圈形摆动。待时机正确时立刻放开拉环，让石头飞出去。运气好的话，是砸不到自己脑袋的。

（需要大量练习才能熟练掌握此技能用以自卫或参加狩猎游戏。）

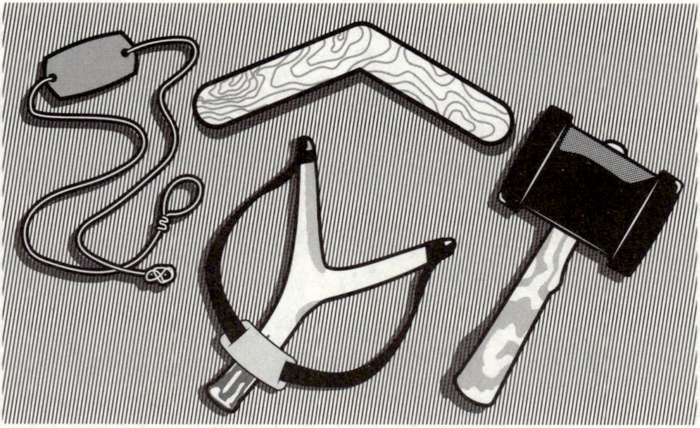

鹿角弹弓

如果能有一只鹿角做的弹弓，何必还用那种传统弹弓呢？不过，这种比较酷的“手持火箭弹”能不能做成，要取决于手上有没有橡胶或者乳胶管（老式的自行车管也可以，这里我们也用此做示范）。

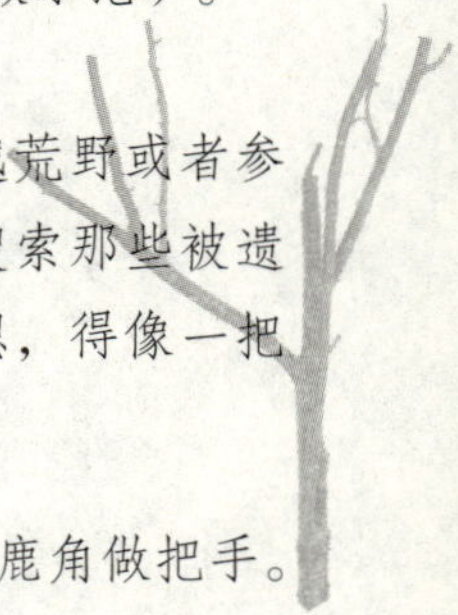

1. 合适的弹弓架需要自己找。在穿越荒野或者参加狩猎赛过程中，睁大眼睛好好搜索那些被遗弃的鹿角。你需要的鹿角外形，嗯，得像一把弹弓。

2. 把其他多余部分削掉，留出足够的鹿角做把手。

3. 在弹弓的两个顶端刻出槽来。

4. 从自行车管上切下一段，将其先系在一端刻槽上。

5. 将胶管拉伸到另一端刻槽上，让中间的部分呈“C”形弯曲，长度约30厘米，先不要系。

6. 在胶管中间位置装一小块动物皮，之后再将胶管另一端同刻槽系好。

7. 拿一块小石头，用皮块包住并进行瞄准。运气好的话，是砸不到自己脑袋的。

战锤

制作战锤需要具备一些基本的金属加工技术和加工材料。虽然门槛相对有点高，不过办法都是人想出来的嘛，这个相当彪悍的中世纪武器当然也是可以自制出来的。

1. 首先，用结实的木头削一个手柄出来（橡木最好，特别硬实），并在手柄顶部做一个托架，用以固定锤头。根据个人喜好，战锤的大小可以跟漫威电影里面的雷神索尔之锤一样，或者参照《权力的游戏》里面某个角色用的那种。

2. 金属铁在野外不太好找，但如果想办法搞到了，就用结实的锅将铁熔化。

3. 用钝器将这些铁在临时铁砧（用树桩就可以）上锻造8颗别针出来。

4. 将别针放入盛水容器中冷却。

5. 再用铁造两个铁平扣，各留出能放两枚别针的空间。将平扣也放入水中冷却。

6. 用四枚别针钉入两个平扣之前留的空隙中，以此将平扣固定到手柄上。

7. 最后，用剩下的铁锻造锤头。锤头造好后要先冷却，然后方可安装到手柄的托架上。

8. 将剩下的别针钉入。继续冷却锤头。

9. 在手柄上可以搞点炫酷的雕刻，让敌人们看着就心头一颤（不过这些造声势的玩意估计熊是看不懂的）。

10. 自制战锤如果散架了，手柄也是可以当棍棒使用的。只要别打到自己的脑袋就行。

自己接骨

无论什么境况下，骨折都是大事，尤其在野外——没有合适的医疗环境——后果和影响就更具灾难性了。即便是救援人员即刻就到，也应该立即采取措施进行处理。

开始之前

- 骨头断裂处呈锯齿状的碎骨在体内游走过程中会对神经和肌肉造成永久性损伤，还会割断血管。如果不做处理，即便微小骨折都会导致休克和感染综合征。

- 骨折有两类：开放性和闭合性。如是开放性骨折（也称复合骨折），断骨会刺穿皮肤裸露在外。目前这种骨折相对更严重一些。但不管是开放性还是闭合性骨折，处理方式都一样。首先要接骨——也就是说，要把断开的骨头恢复到原位，然后再进行固定，以确保断骨不会再次错位。

操作方法

1. 接骨的过程，就是用蛮力。通常是抓住断肢骨折处的近心端——也就是更靠近身体那一端——以保持稳定，同时轻轻向下按压，将断肢按回其原有的解剖位置（解剖位置是指各器官的正常位置和正常形态结构）。这事如果是帮别人做还好，如果是独自一人给自己接，那根本没法用力，也没有第三只手帮忙。所以只能将这个过程反过来操作，即让骨折处远心端固定，然后再调整姿势将近端骨头对齐。

2. 找一个比较稳定的可以固定住断肢的东西，比如带分叉的树桩，或者有裂口的石头表面。但要注意开口不能太狭窄，不然容易卡住。用T恤或外套将断肢包起来以防造成二次伤害。

3. 断肢安全之后，轻轻后倾，用体重和身体的扭动将骨折处对齐。这个过程应该不会很费力。开放性骨折的骨头通常在进行归位的过程中就会自己滑回皮肤里。

4. 如果过程中感觉阻力特别大，马上停止当前的动作并按照断肢平摆的样子用夹板固定。如果骨头动不了，也千万不要用蛮力让它归位。这个过程应该很疼——真的很疼。但只要骨头归位了，你的不适感就会减轻。

5. 用夹板对断肢进行固定。所有质地坚硬的材料都可以当夹板用——帐篷支柱，小船的船桨，木头片，或硬纸板都行。断肢两面都装上夹板并固定死。再用鞋带、腰带、胶带之类能找到的带子紧贴着夹板缠上，但不要太紧。接着观察一下断肢的血液循环情况、感知情况和活动情况；如果断肢没有知觉，或断肢肤色变白，就将夹板放松一点。将骨折处保护好之后，就可以按照处理开放伤口的方式处理骨折处的外伤了。

***

干衣机也能救命

2011年5月，一场龙卷风席卷爱荷华州的雷诺克斯市，11岁的奥斯汀·弥勒接到正在上班的母亲杰西卡的电话："快躲到洗衣房里，赶快！"而后杰西卡开车朝家里狂奔，但路面都被墙面碎石堵住了，她只能躲进婆婆家地下室里。龙卷风过境之后，她一路狂奔回自己的家。到家后发现屋顶已经坍塌，而且不见奥斯汀。正在手足无措的时候，家里的干衣机机盖砰的一声打开了，奥斯汀从里面爬了出来。原来他及时挤进了那个狭小的空间内，躲过了这场灾难。

疯狗的应对方法

狂犬病有传染性，而且极其痛苦，有致命危险。狂犬病由病毒引起，通过叮咬进行传播。狂犬病会影响大脑，患病的犬只是有很强烈的反应，如极度兴奋等，并撕咬周边的一切东西。以下教给大家不被狂犬咬到的方法。

操作方法

1. 以下这句话没法委婉地表达：最好的应对方法就是直接杀掉这条狗。如果这句话让你情绪起伏了，那么请先花几分钟调整一下。

2. 如果没有武器在手，那么除了弄死它也没有第二选择了。拿根木棍或雨伞，越长越好。如果条件不允许，用汗衫或外套也可以。

3. 朝疯狗挥舞木棍，让它的嘴同自己身上肉多的地方保持距离。

4. 一旦疯狗咬住了木棍，立刻撒手，然后快速从侧面接近疯狗，将手或膝部置于疯狗后颈部。

5. 用体重和全部力气往下压，而同时将木棍往上拉，将疯狗脖子掰断。

6. 现在可以稍微默个哀，这一举葬送了那条狗的命，也葬送了你过去的纯真。其实从长远来看，快速而相对不太痛苦的死法对这条狗来说更为仁慈一些。这句话也可以用来安慰自己。

7. 即便过程中没被咬到，但也请立即去医院做个检查。狗的唾液中也存在狂犬病毒，因此一定要将所有感染的可能性都排除掉。

* * *

最有用的求生技巧

应对所有灾难的第一准则：冷静。有人会觉得说来容易做来难，但实际上并不一定。如果有一天你驾车从悬崖边翻下去，可能你会觉得自己必然会一路尖叫着往下坠落。但很多从灾难中生还的人们后来回忆道，那个时候其实反而觉得时间慢了下来，脑子变得沉着清晰而有目的性。所以，相信你惊人的直觉吧……只是不要惊慌失措就好。

如何实施气管切开术

如有同伴出现呼吸困难危在旦夕，而其他方法均不奏效的话，以下教你如何解决。而且好在这个办法并不是你想象中的那么血腥。

所需物料

- 剃刀刀刃，或很锋利的小刀
- 吸管，或圆珠笔，将笔芯去掉
- 能给以上工具消毒的消毒剂（不过时间有限，所以动作要快）

操作方法

1. 只有满足条件的情况下才可实施此操作。此人是否喉部有异物卡住挡住了所有气流？如果他无法喘气也咳不出来，那么气管切开术就势在必行了。

2. 不过，尽管本章目的在于讲清实施要点，但外科手术毕竟是大事，不到万不得已的情况请勿考虑。可以先尝试三次海姆立克急救法。如果依旧无法将阻碍呼吸的异物取出，那么就实施气管切开术。

3. 让患者仰面躺下……如果他还有意识的话。

4. 找到喉部两个结块中间的小凹处，就在环状软骨和喉结之间的位置（女性患者没有喉结，但也有另一个突出部位，所以凹处很容易定位）。

5. 用剃刀刀刃或锋利的小刀在凹处进行横向切开。长度和深度都在 1.2 厘米左右。

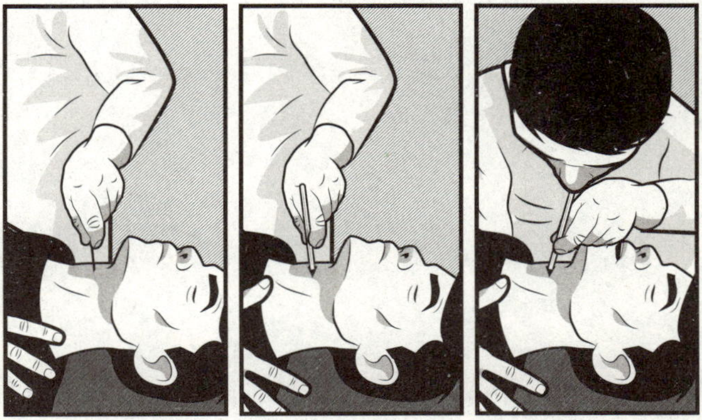

6. 小心轻捏切口，或直接将手指伸入切口中将其扩大展开，动作要轻。

7. 将吸管或圆珠笔芯插入切口中。不要插太深——深度大概跟切口刚开始的深度差不多。

8. 向管内快速吹气两次，等5秒然后再吹气，这样每5秒吹气一次，直到患者呼吸恢复。

9. 患者将开始恢复自主呼吸，如果之前失去意识了，现在会恢复意识。

10. 呼叫救护人员。

制作（和使用）监狱武器

假定你做了错事被送进了大牢。嗯，也不用费口舌跟我们解释你是冤枉的。孩子，要紧的是，不管怎样，你现在用得上一些防身物件。

所需物料

- 牙刷
- 香烟
- 打火机
- 杂志
- 牙线
- 肥皂
- 袜子
- 罐头食品

操作方法

1. **学点黑话**。“shiv”指用于切割的锋利刃器——比如剃刀。“shank”用于刺和捅，有尖头，但没有刃边。要根据情况判断自己适合用哪种监狱武器。

2. 了解使用武器的时机和原因。监狱里很少出现突发暴乱，所以别想着到哪都带着刀以“自卫”。只有情况紧急的时候才需要给自己配备武器。

3. 用完就处理掉。如果被狱警查出携带武器，则会被加上最高一年的单独监禁。因此所用的武器最好是那种方便操作且用完之后容易处理的。大约几分钟就可以用牙刷做出一个“shank”（捅刺武器），只需要将刷把在粗糙表面反复磨砺，磨出一个尖头来。如果所在监狱允许囚犯食用罐头食物，那么罐头盖锯齿状的边缘就是极好的“shiv”（切割武器）。

4. 伤人，不要害命。如果只是意在威慑对方，搞个击打武器即可满足需要，在袜子里塞一块肥皂用力抡过去，对方瞬间就能明白你的意思……都不会见血。

5. 自己创新。监狱里，什么东西都可以作为潜在武器。将香烟的过滤嘴点燃，其内的醋酸纤维素纤维会熔成小块的塑料碎片，边缘锋利。将杂志紧紧地卷起来，其硬度能赶上扫帚把，如果再跟“shank”连接起来做成一个简单的矛——这样你可以通过监狱栏杆刺到对方。

6. 时间是最强大的资源。已知有人用牙线将自己的床铺切出来一块做成了钢板锯齿片！当然这要花费数月甚至数年的时间，但监狱里最不缺的就是时间了。

* * *

如何安全度过地震

不要站在门口门廊的位置，最好远离窗户、玻璃以及不太安全的笨重物品，比如靠着内墙站就相当危险。地震发生后请立即跑到最近的安全位置，身体贴地（最好躲在大桌子下），护好头部。如果你在开车时遇到地震，一定要把车停在远离电线、树木和立交桥的地方，停好之后就别动了，等待地震过去。

避免成为野兽的美餐

接下来介绍一些强悍的野兽，以及躲开它们的方法，切勿不明不白成为其嘴下冤魂。

鳄鱼

鳄鱼是自然界里最冷酷（而且最安静）的杀手。它们在捕猎时能在水里静静潜行，只让眼睛和鼻孔露出水面。游走在东非坦葛尼喀湖北岸的一只名为“古斯塔夫”的体重 900 公斤的鳄鱼，据说已夺走 300 人的性命。

如果不想糊里糊涂钻进鳄鱼嘴里，那么就应该避开本地鳄鱼所在的河岸和其他水域。不到万不得已，千万不要入水。将营地建在远离河湖的地方，也不要把食物留在野外。如果遇到鳄鱼，拔腿开跑就对了——全世界跑得最快的鳄鱼，速度也只有 16 公里 / 小时（差不多每秒 4 米），而且它们在陆上的时候体力消耗很快。如果鳄鱼发动攻击，也不要傻站着默默忍受，要奋力地去抓打它的鼻和眼睛部位。

美洲狮

又名山狮，美洲金猫，喜欢捕食野鹿和驼鹿。多数情况下只会在感受到威胁的时候才袭击人类。如果碰巧遇到美洲狮心情不好的时候，千万不要跑，也不要装死。这样只会激起它们的自然本能去追逐猎物并（或）将你认定为容易得手的目标。所以一定要想办法让自己看上去越可怕越好。可以挺起胸膛，挥动手臂，大喊大叫(喊什么内容不重要，像是“属猫的动物都干不过狗”啊，或者咒骂“除了咕噜叫，简直废得不能再废”之类的都可以）。可能的话，还可以朝着美洲狮扔点木棍石头什么的。

如果美洲狮发动攻击，那么请务必保护好自己的颈部——它会本能地朝着颈静脉咬过去。再说一遍，不要装死。要尽全力用所有办法进行反击。如果成功吓退了美洲狮，也绝不能掉以轻心。美洲狮会一路尾随好几公里，等着你什么时候因伤势过重而倒下它就有肉吃了。所以要尽快去到安全的地方。还有一个提示：美洲狮在黎明和傍晚时分最为活跃，所以这两个时段最好低调点。

北极熊

全球气候的变化着实给这种动物带来了巨大的冲击和影响，它们的栖息地正在消失。这就是说，在找不到好吃的海豹或者肉多油多的海象尸体的时候，把人类作为美餐也是好事一件。北极熊是地球上体型最大最强壮的陆地食肉动物。所以如果在它饥肠辘辘正一筹莫展或者家里有一堆小熊嗷嗷待哺之时，你如一道恩赐般地出现在它的面前，那么能活下来的概率真是小之又小。已有记录显示，北极熊会长距离地追逐人类，并会在深夜攻击北极科研营地和边郊前哨站。如果在一路向北行进的路途中受困，身上的物资又有限，那么建议在营地周围建立基本的警戒设施，不过在冰原荒地上能找到所需的零部件实在太难。如果有同伴随行，那么就轮流在夜里放哨，并用身边能找到的一切东西制作武器（参考第 193 页）。

如果北极熊发动攻击，就朝着它的眼睛和脖子进行反击。而一旦它跟你的距离近到张嘴就能咬到你的时候，那基本上你就可以跟这辈子说再见了。逃跑估计也不会有什么用，一头普通的成年北极熊奔跑起来能跟马一样快。

金花鼠

金花鼠能威胁到生命的概率大概不到一百万分之一，但不管怎么样，保证安全总比事后后悔强。多数人认为这些可爱的啮齿动物只吃坚果和浆果。错！金花鼠是杂食动物，已知它吃的东西包括昆虫、蠕虫、小型蛙类，甚至有时候还吃鸟蛋。如果（尽管这种可能性实在太过微小了）你遇到一只狂躁的金花鼠，或者一只发现人肉很好吃的金花鼠，那么靠跑估计是跑不掉的。金花鼠的速度是出了名的快，奔跑起来能达到 33 公里 / 小时。不过话又说回来，跑得快又怎么样。就算金花鼠从树上向你俯冲过来，或者已经开始啃咬你的大腿了，你只需要大手一拍将它打掉扔到林子里就完了。

对一个普通健康成年人来说，挡开一两只心怀不轨的金花鼠还是小菜一碟，但如果说十几只一起向你扑过来呢？（别不当回事，这是有可能的）可以使用本书反复提到过的策略：通过大声喊叫，并把自己表现得越可怕越好的方式将它们吓退。如果它们向你蜂拥而来，不惜一切代价保护好自己的脖子和眼睛。通过拍打和翻滚将金花鼠们打伤和压死，尤其是在它们通过裤腿或其他方式钻进上半身的衣服里的时候更得如此。最紧要的是先除掉你脸上和脖子上的金花鼠。它们的牙齿并不算太锋利，所以要对你的身体其他部位造成损伤还是得花上不少时间。

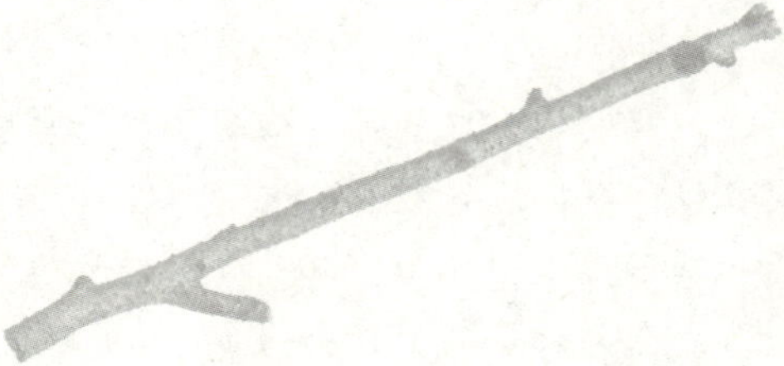

一个真实而奇特的生存故事：威廉·兰金

呃，跳伞吧

所有那些在现实中可能出现的艰难求生环境之中，很难想象能有什么境况比自由落体更加无助……而且还是在雷电暴雨中……落体 40 分钟。

1959 年 7 月，威廉·兰金中校同另一名飞行员各驾驶着一架 F-8“十字军战士”喷气战斗机在北卡罗来纳州上空飞行。他们将飞机爬升到 14000 米以上高度的一片雷雨积雨云之上，下方的地区已经开始积聚雷雨了。正当他们准备下降时，兰金听到飞机引擎传来低沉的响声。突然间动力系统失灵，警示灯指示飞机出现火情。他努力想重启引擎，却徒劳无用。飞机以接近音速的速度一头坠入雨云中，使得当时的他除了“弹射进入雷电暴雨中”之外，别无选择。

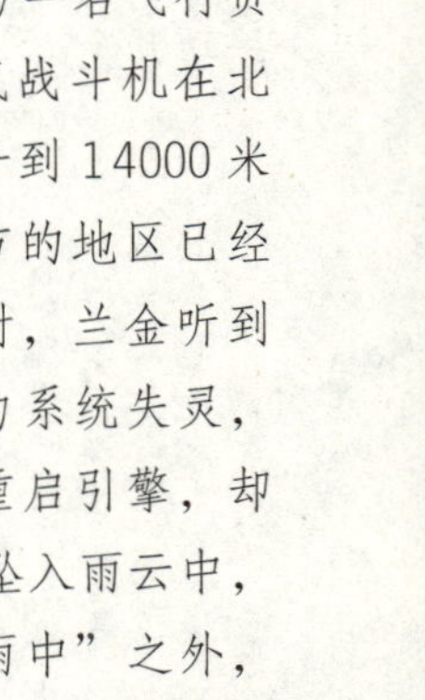

保持冷静

飞机外的气温在零下 45 摄氏度左右，兰金跳出后马上就出现了冻伤。在一万多米的高空急剧失压使得他的腹部开始肿胀，而且传说中的七孔流血真的发生了：眼睛、耳朵、鼻孔和嘴都开始渗血。兰金只能靠连在头盔上的吸氧袋持续呼吸，保持警觉。

到离地 14000 米左右的高度时，兰金知道再经过 3 分多钟的自由落体即可达到降落伞自动触发的高度了。他不停地看表，过了 4 分钟之后降落伞依旧没打开，兰金担心降落伞已失灵，所以他进行了手动开伞。

冰雹中求生

让兰金没想到的是，雷雨云中积聚的大量上升气流减缓了他坠落的速度，所以造成降落伞没有自动触发。而他手动打开降落伞之后，上升气流又推着降落伞继续往上爬升进入雨云中，上升速度竟达到了 160 公里 / 小时。

冰雹在他身上无情地拍打着，而空气中水汽太重，兰金不得不憋气以防水分入肺造成窒息。唯一能划破这无尽黑暗的，就是时常迸发出的闪电，兰金后来回忆道，这些闪电看着就像巨型的蓝色刀刃撕裂着黑暗的夜空。

当上升气流逐渐消失后，兰金再次开始坠落，而降落伞却在他身上缠作一团。也不知是不是上天眷顾，他竟然成功地将缠乱的降落伞从身上打开了，而好景不长，他再次被另一股上升气流推高了。这样的情况不断地循环，一再地被气流拉高，而坠落时降落伞又缠成一团。这情景有点像动画片《BB鸟与歪心狼》里两只动物不停地掐架斗智，只是兰金估计那个时候没心思幽默了。

最后暴雨逐渐减弱，最后一次坠落将兰金一路带到了北卡罗来纳州一处森林的地面上。他看了看表，从飞机里弹出到落地，已经过去40分钟了。这个时候的兰金，全身都是血和呕吐物，而且失压的影响让他意识模糊，不知不觉地漫步到了附近一条公路上。经过的路人停下来将他扶上车。在医院休养了三周之后，兰金才恢复过来并继续着他的空军职业生涯。

用动物骨头制作工具

这项比较恶心的技能在青铜器时代之后就不怎么流行了，不过若自己身处绝境，那么从身边取一根股骨做成临时的锤子又何错之有。

所需物料

- 野鹿或麋鹿一只，最好是死的
- 一块硬石头，作为锤头用
- 一块小一点的坚硬的石头，作为楔子使用
- 第三块石头，作为凿子用
- 一些马尾草

操作方法

1. 首先要猎杀一只动物，体型越大越好。用熊的肱骨做成的战斧固然质量好且邪气重（还能给敌人心中种下恐惧），但目前的情况能弄来一头鹿就很不错了。整个北美洲的本土印第安人部落曾经对这种大体型的哺乳动物推崇备至，

他们认为鹿类就是会走路的五金工具店，一旦将其灵魂释放就能得到许多好东西。

2. 捕获了鹿这种“有毛有皮的工具箱”之后，将其带回营地，用第153页描述的方法把尸体洗净。如果想用鹿的尸体做个新钻子的话，就用炮骨来做吧——就是膝盖骨下方的那块骨头。

3. 不要磨蹭，动作快点。骨头越新鲜，做成工具越容易。骨头放久了会变得粗糙，打磨过程会更费力。

4. 拿起用作锤头的石头对骨头两端进行打磨，就像电影《2001 太空漫游》里面那些人猿的做法一样。不过不要做得太过火——把骨头磨成粉渣就一点用没有了。两端磨平之后，你能看到骨头中空的内部结构，然后我们进行下一步。

5. 用凿石顺着骨头两侧挖出槽来。在开始之前最好找个舒服的地方坐下，这个刮刻过程估计得持续一个多小时。

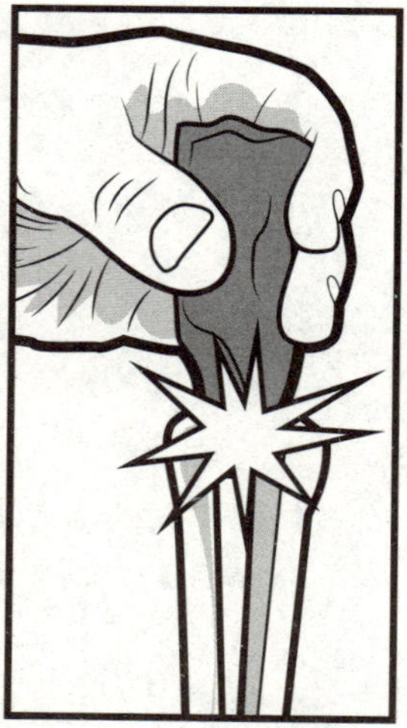

6. 将楔石固定，让其边缘正好卡入槽中。

7. 现在对其进行慢慢敲打，就跟砍木头的动作差不多……不过用力不要太大。动作轻而稳就可以达到目的。凹槽应该会逐渐出现裂缝并发出咔咔的响声。继续敲，直到骨头裂开成相同的两块。

8. 用锤头石将其中一段骨头砸裂，长度可按需随意。然后用粗糙面对骨头裂开端进行打磨，直至削尖。友情提示：这一步也要花不少时间。

9. 用一根马尾草持续打磨骨尖（这样磨出来的工具会比较顺滑）。这样一个崭新的钻子就做好了，可以用来制作一根酷酷的腰带，或者用来将干动物皮做成潮范儿的马甲。剩下的鹿尸体完全够做这两件服饰了，对吧？

10. 现在一个钻子完工了，但请不要止步于此。用剩下的其他鹿骨还可以做出许多好工具来。

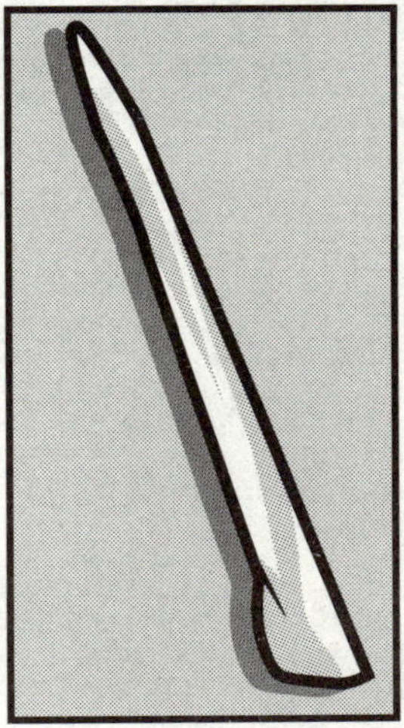

人质现场谈判技巧

某些个人和团体会对他人进行强行掳掠和劫持，并威胁称不满足自己要求就杀害被劫持者。而如果你相信自己的能力，你也可以进行人质谈判（注意：并不尽然，别傻了，还是交给专业警察处理吧）。

操作方法

1. **同人质劫持者建立联系，并告知对方自己是本次的谈判联络人**。通常来说，这个过程是通过电话完成的。既然只是联络人，那么保持自己的中立调节身份相当重要，不要把自己放到有权应许对方要求的位置上。这样至少表面上能让自己有个中立公正的形象，而且也是一个有效的延时技巧，而你的真实目的是要同场外的官方人员进行商议。

2. **尽你所能将场内的情况调查清楚**。劫持者和人质各有多少人？他们所在的位置在哪里？有没有人受伤？这些信息对制定策略非常关键。

3. **查清导致人质劫持事件的原因，以及劫持者在何种条件下才能释放人质**。有些人质劫持事件并没有事前计划，不过是类似于家事争吵之类的事情后一时情绪激动，或者在如抢劫未遂等事件之后不想被捕无奈只好劫持人质。这些人通常比较惊慌失措，并不确定自己想要的结果为何。此外其他的情况，尤其是出于政治动机时，劫持者是有计划实施的劫持行动，对自己的诉求也非常清晰。

4. **对劫持者的心理状态做一个大致判断**。对方是不是在精神失常的状态下才做出这样的不理性行为？劫持者是否是行事缜密的政治诉求者？你对劫持者身份和其动机的了解越深，你对谈判过程的把控就会越好，还可以避免激怒劫持者造成人质受伤害。

5. **拖延时间，保持形势稳定**。人质事件持续的时间越长，其和平解决的概率就越大。不管劫持者想谈什么样的内容，你都要表现出有兴趣的样子，并通过提出开放性问题让他们多说话。一旦劫持者表达出自己的要求，你就告诉他们你自己也在等相关官员做出决定，这样来拖延时间。

6. **在你自己和劫持者之间、劫持者和人质之间都建立起情感共鸣**。人质事件刚开始的时候，所有的人质都不过是谈判筹码而已。而你越是能让劫持者把人质当作活生生的人看待，那么劫持者对其动杀心的可能性就越低。如果你能让劫持者同意接收送给人质的食物、药品等东西，对方的注意力就会发生偏移，进而对人质有所关心，将自己融进人质的群体中。

7. **用一些小让步削减对方的要求**。有的情况下，满足人质劫持者的要求是可能的，尤其像是对方只索取赎金，而且有人愿意付这笔钱。但更多的情况则是对方的要求并无法满足，或者满足的代价太大。可以尝试提供一些便利小物品，比如食物、水等。如果是出于政治动机，可以给他们提供比如媒体关注之类。可以通过每一次的让步换取对方释放1~2名人质——即便没成功，那也算是拖延了时间，而且也建立了共情。

8. 最后结果如何，就不是你能控制得了的。作为人质谈判人员，你可以建立情感共鸣，可以通过让步换取人质的释放，可以通过拖延时间尽量促使产生积极的结果。但最后事情如何解决，可以由劫持者决定，放弃抵抗或杀掉人质；也可以由权力机构决定，是否强制突入抓捕犯罪人员。所以不用给自己太大压力，你已经尽力了。

* * *

第二号灾难

2015 年，爱达荷州首府博伊西市外的 443 亩森林被野火烧尽。调查之后的真相是这样的：一位在此区域旅行的骑行爱好者排泄后不想把厕纸就这么随意丢弃，于是点火烧掉了。而一点余火飞出来点着了一些干草，火势就蔓延开了。

拒绝害人的建议！

某些过时的生存指南以及一些老电影散布了很多不实信息，误听误信没准能让你不小心把命搭进去。以下选出了一些我们认为完全不用过眼看的最为无厘头的建议。

多数野生蘑菇都是可以放心食用的

市面上有很多书都会教给读者哪些菌类可以放心食用。而且森林里还有不少可口的菌类，吃完之后也并不太会中毒或致命。然而这些书里所提供的照片和图片，并不能百分之百同野外所见相匹配。比方说，危险的橙色发光类脐菇（也叫“杰克南瓜灯蘑菇”）就相当容易同特别好吃的橙色鸡油菌菇相混淆。除非是这一类事务的行家，或者已经到了穷途末路管不了那么多，否则还是请继续在野外寻找其他的食物来源吧。

最要紧的还是头上有能遮风挡雨的顶棚

数不胜数的生存指南书籍都会教你如何用石头、雪等各种东西搭建庇护所（本书也不例外！参考第128页）。不过很遗憾，很少有书提到，给自己搞来了遮风挡雨的顶棚，不过只是在同残酷环境的战斗中胜利了一半（但本书提到了，所以请继续往下看）。庇护所确实可以为自己直接挡雨避冰雹，但并无法在寒夜中提供温暖让自己不至于冻死。在冰凉的地面入睡一定会使得维持生命的体温向外传递。一张床、临时的褥垫或其他柔软可保温的表面都是同等重要的。

远离激流，游泳方向应与海岸平行

如果真的按此去做，十有八九会慢慢耗尽体力最后溺水。最好的做法是将游泳方向调整为同风向或潮汐行进方向相垂直。一旦脱离了激流控制后，以远离激流的角度朝着陆地游去。

可以在袋子里烹饪早餐

至少有一本老旧的户外指南书籍称，可以在纸袋里烹饪培根肉和鸡蛋。据说食物里的油会慢慢将纸袋内侧附着一层，可防止纸袋被火点燃。按照此书的说法，只需要将所有东西都放入袋子里，其下放一些热煤块，稍等片刻就可以开吃了。嗯……并不是这样的。除非煤块处于绝对完美的温度（祝你有好运气），否则纸袋几乎百分之百会被点燃——油是助燃剂，可不是阻燃剂。

如何逃离流沙

不管你觉得自己有多么了解流沙，多半都是从电影里看的，而流沙的真实物理特性却要诡异得多。

破坏表面

流沙并不是沙——而是沙在被水浸湿之后形成的一种胶状悬浮物。流沙不是液体状，但沙粒由于分布在水的里面，所以并不会往下沉淀，形成一种类似海绵状的半固体表面。当其表面张力被破坏之时（比如一个人在其上行走），悬浮物结构就开始瓦解，胶状物分解成液态水和少量浓稠紧实的沉积物。

不要挣扎

流沙坑其实并不是你想象的那么深，没办法把你完全淹没，但这些沉积物就像黏稠的泥坑一样，踩上去就可以立即把鞋吸入。如果脚已经陷进去了，则需要使用数千斤的力才能将其拔出。而真正的危险，来自不停地挣扎造成体力耗尽，然后被一米深的水淹没。

让自己浮起来

慢慢向后仰躺，小心不要拍溅周围的沙体。将双臂慢慢展开。不要去试着抬脚，而是慢慢将腿脚展开。让自己浮起来：水沙悬浮物要比普通的水密度更大，浮力会把你托起来。之后轻轻以仰泳的方式朝着固体地面游过去。抵达边缘时，首先用手臂将自己从流沙中撑出，让双腿在身后慢慢漂起。

最后一页

各位厕所读物爱好者们

创作优质厕所读物，我们的奋斗应该永不停歇——我们要扛起责任，坚守我们的信念，即便全世界都对我们加以抨击也不为所动。

长话短说。既然我们已经证明自己的成果不是昙花一现，那么现在邀请您大胆尝试一下：

坐下来，加入我们！登录 www.bathroomreader.com 并在厕所读物研究所的荣誉名单上加入您的名字！

如果您喜欢看我们的书……那就访问厕所读物研究所的官网看看吧！ www.bathroomreader.com

- 通过电子邮件接收我们不定期发送的信息
- 订购其他厕所读物
- 在我们的博客上留言

君子顺势而动……

呃，空间不够用了，该结语还得结语。感谢您给予的所有支持。希望尽快收到您的消息。

与此同时，记住：

看书的时候，厕所要时不时地冲一下哟！